Aportaciones
desde el conocimiento,
la educación y las humanidades

Aportaciones
desde el conocimiento,
la educación y las humanidades

Antonio Martínez-Arboleda,
María Soledad Villarrubia Zúñiga,
Editores

Aportaciones desde el conocimiento, la educación y las humanidades

Primera edición: 2024

ISBN: 9788410066502
ISBN eBook: 9788410458659
Depósito legal: SE 1960-2024

Impreso en España – Printed in Spain

Índice

Prólogo

Este volumen reúne una selección de artículos de investigación multidisciplinar. Se presentan trabajos que tienen como referente el conocimiento, la educación y las humanidades desde una perspectiva innovadora. Cada uno profundiza, a su manera, en diversas cuestiones de actualidad, y todos tienen como principal objetivo enfrentarse a nuevos retos sociales, tecnológicos y educativos.

Las aportaciones son el resultado de diversos estudios para dar respuesta a los constantes cambios que experimenta la sociedad actual. Existe un factor que, desde la variedad de perspectivas, funciona como eje común en esta publicación, y es la transferencia de conocimiento de profesionales de distintos ámbitos que aportan sus planteamientos y el resultado de sus hallazgos. Difundir el conocimiento y dar visibilidad a estos trabajos es la razón de ser de esta publicación.

En el primer capítulo, los autores analizan la transferencia de conocimiento desde la formación docente universitaria a la escuela. La investigación trata de verificar la posibilidad de implementar un proyecto interdisciplinar en la educación infantil, en el que se involucran diferentes áreas de la carrera de magisterio, y que tiene en cuenta los Objetivos de Desarrollo Sostenible (ODS) y las metodologías activas.

El segundo trabajo tiene como objetivo conceptualizar el éxito en la Educación Profesional (EFP), dentro de un nuevo marco epistemológico que supere los enfoques asociados al rendimiento académico y la inserción laboral en el contexto profesional. Para ello, se presenta una revisión documental internacional y los resultados se organizan en torno a diferentes categorías como la objetividad-subjetividad.

En el siguiente capítulo, la autora presenta un estudio para identificar estilos pedagógicos de enseñanza de la escuela sevillana de baile flamenco de hoy, con el fin de promover la aplicación de la Ley 4/2023 del Flamenco de Andalucía desde una metodología mixta, basada en un proceso de observación in situ en el que se recoge información detallada sobre la realidad de la situación.

El cuarto capítulo analiza un producto audiovisual basado en una campaña publicitaria de una famosa firma francesa de cosméticos. El ensayo, partiendo de una publicidad concreta, reflexiona si se puede considerar el concepto de belleza como un arte vivo argumentado sobre los principios básicos de la idea de la Estética, la Semiología y la Historia del Arte.

A continuación, se halla un estudio que muestra un proyecto español denominado "Aula del Futuro". En este se examina su correlación con el proyecto europeo Future Classroom Lab. Es interesante observar la forma en que se profundiza en un análisis exhaustivo basado en tres dimensiones: espacios de aprendizaje flexibles, enfoques pedagógicos centrados en el alumno e integración de las tecnologías de la información y la comunicación.

En el capítulo sexto, se explora el papel transformador de las bibliotecas como centros comunitarios polifacéticos, tratando de superar los límites tradicionales de meros depósitos de libros, para convertirse en centros dinámicos con un compromiso social y un aprendizaje colaborativo basado en la cooperación, la creatividad y el aprendizaje compartido.

A continuación, nos encontramos con un profundo y riguroso análisis de la documentación procesal de la Inquisición. Se proporciona una información imprescindible para los estudios sobre la violencia, la intolerancia y la historia de las mentalidades, que puede ser muy útil para complementar el estudio de las tradiciones culturales, la literatura de la Edad Moderna o la sociolingüística, entre otros muchos campos.

El octavo capítulo presenta una investigación cuyo objeto es conocer la atención educativa que actualmente se ofrece a los alumnos con

Necesidades Educativas Especiales en un centro público de Educación Primaria. El estudio sigue una metodología de carácter cualitativo y se basa en un método biográfico-narrativo que permite dar voz a los niños y jóvenes, para mostrar su propia experiencia.

Finalmente, los dos últimos capítulos presentan, por una parte, una investigación basada en el aprendizaje de la lengua inglesa que tiene en cuenta las habilidades del siglo XXI y las competencias clave europeas para el aprendizaje permanente. El objetivo es integrar de forma significativa las competencias digitales, multilingües y culturales en el aula de EFL. El último, tiene como punto de partida una revisión sistemática de las investigaciones empíricas que han analizado el efecto de TikTok en las aulas universitarias, incidiendo directa o indirectamente en el proceso de enseñanza-aprendizaje. Los resultados obtenidos tratan de arrojar más luz sobre el uso de las redes sociales en entornos educativos.

En resumen, este volumen de artículos de investigación multidisciplinar es un caleidoscopio de ideas y enfoques que refleja un compromiso compartido por explorar nuevas fronteras en el conocimiento, la educación y las humanidades. A través del intercambio de conocimiento entre expertos de diferentes disciplinas, se destacan soluciones innovadoras para los desafíos sociales, tecnológicos y educativos de nuestro tiempo. Cada capítulo ofrece una perspectiva única y valiosa que enriquece nuestro entendimiento en áreas tan diversas como la educación, la estética, la inclusión educativa y la cultura, subrayando la importancia de la colaboración interdisciplinaria en la búsqueda del progreso y la transformación en múltiples ámbitos.

Antonio Martínez-Arboleda
María Soledad Villarrubia-Zúñiga
Editores

Metodologías activas y ODS en la realización de un proyecto interdisciplinar con alumnado del grado de maestro en educación infantil

Juan-Francisco Álvarez-Herrero
Jordi Manuel Antolí Martínez

Universitat d'Alacant

Abstract: There is a need to establish a connection and parity between what future teachers are taught in universities and what they will later encounter in schools. This link begins in many cases in the methodology and the way of working with the content. Specifically in the early childhood education stage, in which content and the development of skills are worked in an interdisciplinary way, it would not make sense for future teachers to be trained following subjects isolated from each other. Hence, this research seeks to verify whether the implementation of an interdisciplinary project in which four areas from the 2nd year of the teacher's degree in early childhood education are involved, with their respective teachers and 20 students; It manages to improve student learning, as well as awareness of the SDGs and familiarization with active methodologies. The results show that, with a few small actions based on learning pills, they achieve this: the students report improving their learning. In conclusion, actions such as the one described here are very necessary in the faculties of education, in order to unite these two realities that are so needed: school and university.

Keywords: Interdisciplinarity, Teacher Training, Early Childhood Education, Educational Innovation, SDG.

1. Introducción

La educación en la etapa de infantil, bajo cualquiera de las metodologías que utilicen sus docentes, sigue unos cánones donde el conocimiento se construye y las competencias se desarrollan sin que existan unos compartimientos estancos para cada una de las materias o áreas implicadas en aquello que se trabaja en los procesos de enseñanza-aprendizaje. Es decir, en esta etapa, con el alumnado más pequeño, se construye el conocimiento sin atender ni diferenciar distintas asignaturas, de forma interdisciplinar e integrada (Krogh, 1990; Krogh y Morehouse, 2020). Así, hay quienes trabajan por proyectos, otros mediante fichas de contenidos, otros por rincones, etc., pero siempre bajo una perspectiva global e integradora del saber humano (Fernández *et al.*, 2019; García, 2021).

Incluso en la etapa de educación primaria, encontramos la figura de los docentes generalistas, que trabajan con su alumnado todas las áreas del conocimiento que se ven en esta etapa, a excepción de aquellas que trabajan los docentes especialistas y que son, básicamente, educación física, música y lengua extranjera. Y aunque sigue suscitando el debate y la controversia (de Pro *et al.*, 2022), la mayoría de los estudios coinciden en afirmar una mayor conveniencia y beneficios cuando los docentes son generalistas frente a una excesiva especialización que supondría docentes especialistas para cada una de las áreas de conocimiento de esta etapa educativa (Aróstegui y Kyakuwa, 2021; Brennan *et al.*, 2021; Truelove *et al.*, 2019).

Pero volviendo a la etapa de educación infantil, no hay ninguna discusión ni voces discrepantes con la conveniencia de que el docente que atienda al alumnado de estas tempranas edades lo sea de índole generalista y no varios docentes especialistas en las distintas áreas. Por ello, lo lógico sería pensar que, en la formación de los futuros docentes de esta etapa, también se trabajase y acostumbrase a los estudiantes del grado de maestro en educación infantil a trabajar de forma conjunta todas las áreas del conocimiento y contenidos. Es decir, en las facultades de educación, los futuros docentes de educación infantil deberían ser formados y familiarizados en una forma de construir conocimiento y de desarrollar sus competencias más similar a lo que en un futuro ellos deberán hacer con su alumnado. Sin embargo, en estos grados encontramos que se trabaja desde una perspectiva individualista, con diferentes docentes en cada una de las múltiples asignaturas y ramas del conocimiento en las que se les instruye, realizando su función docente de forma aislada y sin relacionarse ni participar de proyectos o acciones conjuntas con otros docentes de otras áreas. Es una realidad que, en muchos casos, las facultades de educación viven ajenas a la realidad de las aulas, creándose una brecha entre lo que se instruye a los futuros docentes y lo que luego estos van a encontrarse en las aulas de educación infantil. Como en todo, también encontramos excepciones de propuestas que integran a diversos docentes y materias en la formación de los futuros maestros (Folch *et al.*, 2020; Franco-Vázquez y Neira-Rodríguez, 2021; Rodrigo-Segura y Ballester-Roca, 2020).

No ponemos en duda que los futuros docentes deban conocer y desarrollar destrezas y habilidades en diversas disciplinas o materias, pero también es cierto que si en un futuro muy cercano estos futuros docentes se enfrentarán con el trabajo interdisciplinar en las aulas de infantil, también en las facultades se debiera trabajar de esta manera y no en compartimentos estancos, totalmente separados y ajenos a lo que hacen los docentes de las restantes asignaturas de un mismo curso o nivel del grado. Es necesario que los futuros maestros conozcan y practiquen modelos y metodologías pedagógicas que en un futuro van a necesitar aplicar en el aula con su alumnado.

No son muchos los ejemplos que hay de acciones interdisciplinares en la formación de los futuros maestros de educación infantil (Folch *et al.*, 2020; Gilabert y Bernabé, 2020; Madrid-Vivar *et al.*, 2014), pero todos ellos vienen a coincidir en los grandes beneficios que comportan este tipo de acciones y propuestas interdisciplinares, entre estos, de cara a que en un futuro ello repercuta favorablemente entre su alumnado de educación infantil.

Otra cuestión que también se debe abordar es la renovación e innovación pedagógica. No podemos seguir enseñando como hemos venido haciendo hasta ahora con el método tradicional. Son muchas las metodologías que están surgiendo en las que el alumnado se convierte en protagonista de su aprendizaje. Así, en infantil, la práctica del uso de fichas o materiales impresos, que el alumnado debe seguir y cumplimentar siguiendo unas pautas bastante fijas, es una acción que en ocasiones presenta pocos beneficios en el aprendizaje frente a otras acciones más activas, donde el alumnado goza de libertad para experimentar, indagar, descubrir, tomar conciencia, etc. por sí mismo, y no encajonado en los límites que un material preconcebido le supone. No estamos diciendo que las fichas o este material impreso que ofrecen muchas editoriales no sea el ideal o adecuado para determinados aprendizajes, pero sí decimos que en la educación se debería apostar más por introducir otras metodologías activas en aquellos casos en los que estas pueden generar un mayor beneficio en el aprendizaje del alumnado (Berrón y Arriaga, 2022).

Y, por último, pero no por ello menos importante, vemos que, salvo algunas excepciones, la escuela se está quedando bastante lejos de tomar conciencia sobre la problemática de nuestro mundo y vive en muchos casos ajena a los Objetivos de Desarrollo Sostenible (ODS). Unos objetivos que se lanzaron con la idea de alcanzar para el 2030 un mundo que fuese sostenible, y en el que la educación tiene un papel muy importante a jugar, tanto en la acción como en la concienciación de los estudiantes. Pues precisamente estos estudiantes son los ciudadanos que van a heredar este mundo y de ellos va a depender que este siga el vertiginoso camino de deterioro y destrucción que ha iniciado, o si se le va a poner remedio para que la vida siga siendo posible en las mejores condiciones. Esta acción y concienciación debe ser trabajada en las escuelas e instituciones educativas. Y, más aún, desde la educación infantil, pues justamente a estas edades es cuando se empiezan a fundamentar los pilares y los cimientos de las personas. Y qué mejores cimientos, que ya desde bien pequeños puedan consolidar unos principios básicos en procurar tener un mundo mejor, un mundo más sostenible basado en el respeto y el cuidado del mismo. Para que esto sea posible, es decir, que los estudiantes de educación infantil adquieran conciencia y actúen en el cumplimiento de los ODS, es necesario que sus docentes también estén concienciados y dispuestos a trabajarlos en sus aulas. Y para llegar a que esto se produzca, también desde las facultades de educación se debe trabajar con el ejemplo (Gavilán-Martín *et al.*, 2022). Es decir, se debe de incorporar el trabajo de los ODS en las aulas universitarias de los futuros docentes de educación infantil, para que cuando estos lleguen a sus aulas, sean capaces de actuar y concienciar a su alumnado. Solo si lo han trabajado previamente y se han concienciado con el problema, se podrá seguir trasladando este grado de concienciación y acción a sus discentes.

Todo esto nos lleva a plantear una propuesta de proyecto interdisciplinar en el que además de interactuar entre diferentes asignaturas con alumnado del Grado en Maestro en Educación Infantil, se hace desde la implicación y la implementación de metodologías activas y con el tema transversal de los ODS como contenido del proyecto, pero sin dejar de lado que desde cada una de las asignaturas implicadas se trabajan y desarrollan contenidos y competencias propias de cada una de ellas, muchas de las cuales son coincidentes entre estas materias implicadas. Con todo ello, esta investigación busca comprobar el funcionamiento y las percepciones del alumnado sobre este tipo de prácticas interdisciplinares y si ellas facilitan y mejoran su percepción del aprendizaje desarrollado. Además, dado que se ponen en juego los ODS y las metodologías activas, también se pretende comprobar si este tipo de prácticas mejora el nivel de conocimiento y de concienciación sobre los ODS, así como la percepción que sobre las metodologías activas adquieren estos futuros docentes y si esta los anima a, en un futuro, aplicarlas también con su alumnado. A modo de hipótesis de trabajo, cabe decir que esperamos que:

- El alumnado considerare este tipo de prácticas como beneficiosas, ya que, por ejemplo, ello evitará la repetición de contenidos entre distintas asignaturas.
- Respecto a los ODS, la propuesta aquí trabajada permitirá mejorar su nivel de conocimiento y concienciación sobre los mismos.
- Y, frente a las metodologías activas, esperamos encontrar que el alumnado las considerare más motivadoras y beneficiosas para el aprendizaje de su futuro alumnado.

2. Método

La propuesta aquí planteada de realización de un proyecto interdisciplinar mediante la implementación del Aprendizaje Basado en Proyectos (ABP) y con el tema transversal de los ODS como contenido vehicular obedece a una metodología de estudio de caso, de carácter descriptivo y en el que se analizan de forma cuantitativa las percepciones de los estudiantes implicados y sus resultados académicos mediante instrumentos como un cuestionario y una rúbrica creados *ad hoc*.

2.1. Descripción del contexto y de los participantes

La propuesta del proyecto interdisciplinar se llevó a cabo con 20 estudiantes de 2º curso del Grado en Maestro en Educación Infantil de la Universidad de Alicante en su Campus de Alcoi. La muestra se reduce a tan solo 20 estudiantes, ya que estos son los que coinciden en estar matriculados durante el curso académico 2022-2023 en las cuatro asignaturas de 2º curso implicadas en esta primera fase del proyecto. Hablamos de primera fase, ya que está previsto que durante el próximo curso 2023-2024, el proyecto tenga una continuación con los mismos estudiantes, pero ya en 3ʳ curso y con otras asignaturas.

Las asignaturas implicadas en esta fase del proyecto son: Didáctica del Conocimiento del Medio Natural (DCMN), Didáctica del Conocimiento del Medio Social y Cultural (DCMSC), Habilidades Comunicativas y Lectoescritura en Castellano (HCLCE) y Habilidades Comunicativas y Lectoescritura en Catalán (HCLCA).

Las características del alumnado participante son singulares y obedecen a las particularidades que tiene este en el Campus de Alcoi de la Universidad de Alicante. Se trata de alumnado que es mayoritariamente de otras poblaciones de las provincias de Alicante y Valencia, y tan solo una estudiante de las 20 es de Alcoi. Por la localización del campus, y dada la diversa procedencia del alumnado, hace que todos los estudiantes vivan en el entorno más próximo al campus, que todos se conozcan y que exista una buena relación entre ellos. Esta característica también facilita que, a la hora de trabajar en grupos, la creación, gestión y funcionamiento de los mismos sea mucho más fácil.

Las edades de los estudiantes están comprendidas entre los 19 y los 42 años, siendo 7 hombres (35 %) y 13 mujeres (65 %). Este porcentaje tan elevado de hombres en un curso del grado de maestro en educación infantil es algo inusual, ya que, en la mayoría de las ocasiones, el porcentaje de hombres no llega a ser superior al 5 %.

2.2. Instrumentos

Se construyeron dos instrumentos para la recogida de datos:

- Cuestionario: en el que se recogen preguntas sobre las percepciones de los estudiantes acerca del trabajo interdisciplinar, sobre el uso de metodologías activas en el aprendizaje y sobre su grado de conocimiento y concienciación sobre los ODS. Se puede ver el cuestionario en el Anexo 1. Este cuestionario se pasó tanto antes como después de realizar la acción o propuesta interdisciplinar con los estudiantes.
- Rúbrica de evaluación: se confeccionó una rúbrica de evaluación de los productos realizados por el alumnado en esta propuesta de intervención. En su elaboración participó todo el profesorado implicado en el proyecto, y se puede ver en el Anexo 2.

2.3. Procedimiento

Antes de llevar a cabo el proyecto, se pasó el cuestionario confeccionado para saber tanto el grado de conocimiento y concienciación que sobre los ODS tenía el alumnado participante, así como sus percepciones sobre la idoneidad de utilizar metodologías activas y propuestas interdisciplinares en el aprendizaje.

Tras ello, y de forma coordinada entre los docentes de las cuatro asignaturas implicadas en la propuesta, se desarrolló la actividad-proyecto. Primero, desde las asignaturas implicadas, y tras haber formado grupos de 2 o 3 estudiantes, se les dio a conocer la propuesta (con sus características, temporalización, rúbrica de evaluación, etc.), los

ODS y las herramientas y estrategias pertinentes para llevar a cabo el proyecto (basado en la metodología activa del ABP). Se les pidió que realizasen, como productos finales, un par de píldoras de aprendizaje sobre los ODS, en cada grupo.

Las dos píldoras debían obedecer a los criterios establecidos en la rúbrica de evaluación; una debía ser en castellano y la otra en catalán. Además, una debía estar dirigida a concienciar y actuar sobre los ODS con el resto de compañeros participantes de la propuesta (es decir, sus compañeros de grupo de 2º curso del grado de Magisterio en Educación Infantil), y la otra píldora debía estar dirigida a concienciar y actuar sobre los ODS, pero con su futuro alumnado de educación infantil. También, y siguiendo los principios del ABP, estas píldoras, posteriormente, debían exponerlas al resto de estudiantes de su grupo-clase y al profesorado de la propuesta (los cuatro docentes implicados). Tras ello, se les volvió a pasar el mismo cuestionario inicial para de esta forma comprobar si se dan diferencias con respecto al inicio de la propuesta.

3. Resultados

3.1. Resultados sobre los ODS

Atendiendo a las preguntas del cuestionario sobre conocimiento acerca de los ODS y comparando las respuestas obtenidas antes y después de la intervención, podemos ver en la Tabla 1 cómo se produce una mejora muy notable entre las respuestas dadas antes y después de trabajar las píldoras de aprendizaje sobre los ODS.

Tabla 1. Comparación de las respuestas acertadas de las preguntas 3 a la 12 antes y después de la intervención

Nº de pregunta	Aciertos antes	Aciertos después	Diferencia
3	4	20	+16
4	3	20	+17
5	3	20	+17
6	2	18	+16
7	3	16	+13
8	2	20	+18
9	3	20	+17
10	6	20	+14
11	2	17	+15
12	4	19	+15

Tal y como se desprende de la Tabla 1, el desconocimiento del concepto de los ODS es bastante alarmante, pues solo 4 estudiantes conocen el significado de los ODS, y 3 son los que conocen cuántos hay y qué persiguen. Otro tanto ocurre cuando profundizamos un poco en los enunciados y metas de los ODS, pues vemos que inicialmente el alumnado no conoce prácticamente nada sobre estos, y solo la fecha del 2030 es lo único que llega a conseguir 6 respuestas correctas. Por el contrario, tras la realización de la propuesta, los porcentajes de acierto se sitúan todos por encima del 80 % (16 aciertos o más), alcanzándose el 100 % en 6 de las 10 preguntas.

De las píldoras realizadas por los estudiantes y sus exposiciones, a raíz de las evaluaciones con la rúbrica descrita (Anexo 2), y de sus evaluaciones, que contemplaron tanto la heteroevaluación como la auto y la coevaluación, se desprende que el aprendizaje y conocimiento sobre los ODS mejoró mucho con respecto al principio de la intervención, así como también su nivel de concienciación; de las propuestas presentadas, se desprendían acciones y principios sólidos que ponen de manifiesto el compromiso y las acciones presentes y futuras del alumnado hacia un mundo más sostenible.

3.2. Resultados sobre las metodologías activas y las acciones interdisciplinares

También se obtienen resultados muy semejantes entre el grado de aceptación, antes y después de la intervención, sobre las metodologías activas y los proyectos o acciones interdisciplinares en la mejora del aprendizaje. Tal y como se aprecia en la Tabla 2, el grado de percepción de la mejora que se constata entre el alumnado es muy superior tras la intervención.

Tabla 2. Comparación del grado de aceptación de las metodologías activas y de las acciones interdisciplinares antes y después de la intervención

	Media antes	σ antes	Media después	σ después	Diferencia
15. Metodologías activas	2.90	0.641	4.15	0.745	+1.25
16. Proyectos o actividades interdisciplinares	2.85	0.813	4.30	0.657	+1.45

Se aprecia una mayor aceptación en la mejora del aprendizaje por parte del alumnado hacia el uso e implementación de proyectos y acciones interdisciplinares, que logran una media después de la intervención de 4.30 frente a los 2.85 puntos que tenía de aceptación antes de la misma.

4. Discusión y conclusiones

A la vista de los resultados obtenidos, y atendiendo a los objetivos planteados, comprobamos que la implementación de proyectos interdisciplinares mejora la percepción del aprendizaje logrado por los estudiantes del grado de magisterio en educación infantil participantes en este estudio de caso.

Estos resultados están muy en coherencia con los de estudios similares (Folch *et al.*, 2020; Gilabert y Bernabé, 2020; Madrid-Vivar *et al.*, 2014) y ponen de manifiesto que estas acciones logran beneficios en el aprendizaje del alumnado de los grados de educación.

Llegamos a la conclusión de que este tipo de intervenciones son muy necesarias en la formación inicial de los docentes, pues garantizan en un futuro una intervención hacia los ODS, hacia las metodologías activas y hacia los proyectos interdisciplinarios. No solo favorecen el aprendizaje de los futuros docentes, sino que garantizan que en un futuro también mejore el de sus discentes. Sin embargo, tenemos que reconocer que al igual que afirman Peixoto-Pino *et al.* (2019), se requiere de unos docentes coordinados y con una iniciativa pedagógica común para poder llevar adelante con éxito este tipo de proyectos interdisciplinares.

Somos conscientes de que la muestra es muy pequeña para ser significativa y que estamos ante un estudio de caso. Además, se trata de un estudio de caso muy singular y que se beneficia de las especiales particularidades que se dan en el contexto y la realidad del Campus de Alcoi de la Universidad de Alicante. Pero sí que sirve esta investigación para poner de manifiesto que acciones e intervenciones como la aquí descrita son muy necesarias en los grados de educación, no solo para fomentar la interdisciplinariedad, que es lo que van a tener que practicar en un futuro estos estudiantes, sino también por la concienciación en los ODS y la puesta en marcha de caminos de innovación pedagógica con el uso de las metodologías activas. Está en el ánimo de los autores seguir profundizando en esta línea de investigación, tanto en un futuro inmediato con la segunda fase de este proyecto, como en un futuro a largo plazo en llevar estas intervenciones al resto de cursos y niveles de la universidad.

5. Agradecimientos

El presente trabajo ha contado con una ayuda del Programa de Redes-I3CE de investigación en docencia universitaria del Instituto de Ciencias de la Educación de la Universidad de Alicante (convocatoria 2022-24). Ref.: 5846.

Referencias

Aróstegui, J. L., y Kyakuwa, J. (2021). Generalist or specialist music teachers? Lessons from two continents. *Arts Education Policy Review, 122*(1), 19-31. https://doi.org/10.1080/10632913.2020.1746715

Berrón, E., y Arriaga, C. (2022). Enseña menos y deja aprender: reformulando la educación musical a través de metodologías activas en el Grado de Maestro. *OPUS, 28*, 1-23. http://dx.doi.org/10.20504/opus2022.28.25

Brennan, C., Bowles, R., y Murtagh, E. (2021). The best of both worlds? The impact of the initial teacher education physical education specialism programme on generalist teachers' self-efficacy, beliefs, and practices. *Education, 3*(13), 1-15. https://doi.org/10.1080/03004279.2021.2001557

de Pro, A., de Pro, C., y Cantó, J. (2022). Cinco problemas en la formación de maestros y maestras para enseñar ciencias en Educación Primaria. *Revista Interuniversitaria De Formación Del Profesorado. Continuación De La Antigua Revista De Escuelas Normales, 97*(36.1). https://doi.org/10.47553/rifop.v97i36.1.92510

Fernández, C., López, V. M., y Pascual, C. (2019). La evaluación formativa y compartida en Educación Infantil. Consecuencias del uso de dos metodologías diferentes. *Revista Infancia, Educación y Aprendizaje, 5*(2), 54-59. https://doi.org/10.22370/ieya.2019.5.2.1504

Folch, C., Córdoba, T., y Ribalta, D. (2020). La performance: Una propuesta interdisciplinar de las áreas de educación física, educación musical y educación visual y plástica en la formación inicial de los futuros maestros (The performance: an interdisciplinary proposal from the departments of physi). *Retos, 37*, 613-619. https://doi.org/10.47197/retos.v37i37.74187

Franco-Vázquez, C., y Neira-Rodríguez, M. (2021). Promoviendo el pensamiento creativo a través de las narrativas visuales y literarias: un estudio de caso en el Grado en Maestro/a de Educación Infantil. *Revista de investigación en educación, 19*(2), 162-175. https://doi.org/10.35869/reined.v19i2.3673

García, M. R. (2021). *Enseñar y aprender en Educación Infantil a través de proyectos. Enseñar y aprender en educación infantil a través de proyectos.* Editorial de la Universidad de Cantabria.

Gavilán-Martín, D., Merma-Molina, G., Ramos-Pardo, F. J., Hernández-Amorós, M. J., Pérez, J. C., Álvarez-Herrero, J. F., Sebastiá-Alcaraz, R., Tonda-Monllor, E. M., Cano, C., Ortiz, E., Vargas, M., Nofuentes, J., Poveda, J., y Llorca, R. (2022). La sostenibilidad en los planes de estudio de las Facultades de Educación Españolas. Estudio de caso. En R. Satorre (Ed.), *El profesorado, eje fundamental de la transformación de la docencia universitaria* (pp. 378-388). Octaedro.

Gilabert, L., y Bernabé, M. (2020). Propuesta de intervención de trabajo social territorial con comunidades rurales de Chile central en contexto de globalización. *Revista Pensamiento y Acción Interdisciplinaria, 6*(2), 104-120. http://doi.org/10.29035/pai.6.2.104

Krogh, S. L. (1990). *The Integrated Early Childhood Curriculum.* McGraw Hill Publishing Company.

Krogh, S. L., y Morehouse, P. (2020). *The early childhood curriculum: Inquiry learning through integration.* Routledge.

Madrid-Vivar, D., Mayorga-Fernández, M. J., y Del Río-Fernández, J. L. (2014). Proyecto interdisciplinar de innovación para la formación inicial del Maestro de Educación Infantil. *ENSAYOS. Revista De La Facultad De Educación De Albacete, 28,* 117-131. https://doi.org/10.18239/ensayos.v28i0.352

Peixoto-Pino, L., Rico-Díaz, J., y Arufe, V. (2019). Elaboración y aplicación de un proyecto interdisciplinar en las etapas de Infantil y Primaria sobre prevención de accidentes promovido desde el Área de Educación Física. *Retos: nuevas tendencias en educación física, deporte y recreación,* (35), 250-254.

Rodrigo-Segura, F., y Ballester-Roca, J. (2020). Un proyecto integrado para la formación de los futuros maestros: elaboración de páginas web para la enseñanza de la literatura en educación infantil y primaria. *Educación Siglo XXI, 38*(1 Marzo-Junio), 161-182. https://doi.org/10.6018/educatio.413461

Truelove, S., Johnson, A. M., Burke, S. M., y Tucker, P. (2019). Comparing Canadian generalist and specialist elementary school teachers' self-efficacy and barriers related to physical education instruction. *Journal of Teaching in Physical Education, 40*(1), 10-20. https://doi.org/10.1123/jtpe.2019-0091

6. Anexos

Anexo 1. Cuestionario

* Obligatorio

1. Género *
   a. Hombre.
   b. Mujer.
   c. Prefiero no decirlo.
   ¿Qué sabes sobre los ODS?

2. Edad *

3. ¿Qué significa ODS? * (Marca solo una respuesta)
   a. Objetivos Docentes Significativos.
   b. Objetivos de Desarrollo Sostenible.
   c. Objeto Didáctico Significativo.
   d. Objeto de Diseño Significativo.

4. ¿Cuántos ODS hay? * (Marca solo una respuesta)
   a. 10
   b. 15
   c. 17
   d. 23

5. Los ODS persiguen...* (Marca solo una respuesta)
   a. Proteger el planeta y garantizar la prosperidad de todas y todos.
   b. Mejorar el aprendizaje del alumnado.
   c. Mejorar el aprendizaje del profesorado.
   d. Mejorar el sistema educativo.

6. ¿Cuál de los siguientes NO es un ODS? * (Marca solo una respuesta)
   a. Garantizar una educación inclusiva, equitativa y de calidad.
   b. Promover oportunidades de aprendizaje durante toda la vida para todos.
   c. Mejora de la felicidad.
   d. Hambre cero.

7. Los ODS tienen un principio transversal: * (Marca solo una respuesta)
   a. No dejar a nadie atrás.
   b. *Carpe diem.*
   c. Educación de calidad siempre.
   d. Todos a una por una educación pública.

8. Los ODS solo son para: * (Marca solo una respuesta)
   a. Las grandes corporaciones.
   b. Las escuelas de infantil, primaria y secundaria.
   c. Las universidades.
   d. Para todas y todos: empresas, ciudadanos, administraciones, escuelas, universidades, ...

9. ¿Podemos cada uno de nosotros contribuir al cumplimiento de los ODS? * (Marca solo una respuesta)
   a. No, solo pueden los equipos directivos.
   b. No, solo puede el profesorado.
   c. No, solo puede el alumnado de colegios e institutos.

d. Sí, con pequeñas contribuciones como reciclar.

10. ¿Cuál es la fecha propuesta para conseguir estos ODS? * (Marca solo una respuesta)
    a. Cuando se pueda.
    b. En el 2050.
    c. En el 2030.
    d. Cuando cambie la ley educativa.

11. ¿Cuál es la meta del ODS 4: Educación de Calidad? * (Marca solo una respuesta)
    a. Conseguir una tasa de fracaso escolar cero.
    b. Asegurar el acceso de todos los hombres a una formación técnica, profesional y superior de calidad.
    c. Asegurar que todas las niñas y todos los niños terminan la enseñanza primaria y secundaria, que debe ser gratuita, equitativa y de calidad y producir resultados de aprendizaje pertinentes y efectivos.
    d. Reducir considerablemente el número de docentes calificados.

12. ¿Quiénes son encargados de cumplir los ODS? * (Marca solo una respuesta)
    a. Los docentes de toda España.
    b. Cada uno de los países firmantes de la Agenda 2030, en bases a sus propios criterios y necesidades.
    c. Alumnado y profesorado de toda España.
    d. Los países de la Unión Europea.

13. Durante el pasado curso o el pasado cuatrimestre, trabajaste los ODS en ¿alguna asignatura? (Contesta Sí o No y explica brevemente tu respuesta) *

14. ¿Cuál es tu opinión sobre los ODS? ¿Crees que deberían traba-jarse en el grado de magisterio que te encuentras cursando? *
Respecto a tu forma de aprender:

15. ¿Crees que el uso de las metodologías activas puede mejorar/mejora tu forma de aprender? * (En una escala del 1: poco o nada, al 5: Mucho).

16. ¿Crees que la realización de proyectos o actividades interdis-ciplinares (en la que se implican diferentes asignaturas) puede mejorar/mejora tu forma de aprender? * (En una escala del 1: poco o nada, al 5: Mucho).

17. ¿Has realizado alguna vez algún proyecto o actividad interdis-ciplinar? Y si tu respuesta ha sido sí, ¿cómo te has sentido? ¿Cuáles son tus impresiones al respecto? *

18. A partir de tu conocimiento y experiencia actual sobre el uso de metodologías activas, ¿estarías dispuesto/a a implementarlas en un futuro con tu alumnado?

19. A partir de tu conocimiento y experiencia actual sobre el uso de propuestas interdisciplinares, ¿estarías dispuesto/a a implemen-tarlas en un futuro con tu alumnado?

20. A partir de tu conocimiento y experiencia actual sobre los ODS, ¿estarías dispuesto/a a trabajarlos en un futuro con tu alumnado?

Anexo 2. Rúbrica de evaluación de los proyectos

	EXPERTO (4)	AVANZADO (3)	APRENDIENDO (2)	NOVEL (1)	PESO
1. Duración	La duración del producto es la adecuada (de 3 a 5 minutos, si es vídeo; o lectura de 2 a 4 minutos).	La duración del producto o no llega o se pasa, pero no se ve que sobre o falte.	La duración del producto o no llega o se pasa, pero hay momentos en los que sobra tiempo o falta tiempo.	La duración no se ajusta para nada a lo que se pedía y, o queda muy corto o demasiado largo.	10 %
2. Recursos	Todos los recursos que se hacen servir son propios.	Los recursos utilizados son propios o si son ajenos, se respetan las licencias de uso.	Hay recursos propios, pero en los ajenos utilizados no se respetan las licencias de uso.	Se utilizan recursos ajenos y no se respetan las licencias de uso de los recursos mencionados.	10 %
3. Expresión	El mensaje se transmite con una expresión clara, directa y concreta, fácilmente comprensible.	la expresión, la mayoría de las veces es clara y directa.	La expresión algunas veces no es clara ni directa.	El mensaje que se transmite no lo hace con una expresión clara y comprensible para todos.	10 %
4. Comprensión	El mensaje que se transmite es fácilmente comprensible por todo el mundo.	el mensaje se comprende la mayoría de veces.	El mensaje hay momentos en que no se comprende.	El mensaje no llega a comprenderse nada en absoluto.	10 %
5. Impacto, ritmo y fluidez	El mensaje es impactante (de un solo vistazo si es imagen fija), o con un ritmo y fluidez apropiada (si es vídeo o audio).	El mensaje tiene momentos / imágenes / texto impactante la mayoría de veces.	El mensaje hay veces que no tiene momentos / imágenes / texto impactante/s.	El mensaje no consigue impactar (de un vistazo si es imagen fija), o no tiene ni un ritmo ni una fluidez apropiada (si es vídeo o audio).	10 %

	EXPERTO (4)	AVANZADO (3)	APRENDIENDO (2)	NOVEL (1)	PESO
6. Estructura textual	Se utiliza un género textual adecuado a la intención comunicativa.	Se utiliza un género textual adecuado a la intención comunicativa la mayoría de veces.	Se utiliza un género textual adecuado a la intención comunicativa algunas veces.	No hay ninguna estructuración del texto ni se tiene en cuenta la intención comunicativa.	10 %
7. Corrección lingüística	La corrección equivale a un B2+ o superior.	La corrección equivale prácticamente a un B2.	La corrección no llega a un B2, pero es superior a un B1.	La corrección es inferior a un B1.	10 %
8. Contenido	Hay una implicación total con uno o más ODS, incluyendo algunas de sus metas.	Hay implicación con uno o más ODS, incluyendo algunas de las sus metas.	Se hace mención a los ODS, pero sin llegar a profundizar en alguna de sus metas.	Casi no hay mención a ningún ODS ni a la sostenibilidad. No hay ninguna relación.	10 %
9. ODS en el mundo de la educación	Hacen referencia y además dicen cómo trabajarlos en el aula.	Hacen referencia y además dicen cómo trabajarlos en el aula, pero sin entrar en detalles.	Se refieren, pero sin decir cómo trabajarlos en el aula.	No hacen referencia.	10 %
10. Concienciación	Consigue implicar al alumnado tanto en la reflexión como en la acción para propiciar cambios.	Consigue implicar al alumnado en la reflexión, pero no llega a alcanzar la implicación con acciones por propiciar el cambio.	Promueve alguna reflexión, pero de forma vaga y temporal.	No se invita ni a la reflexión ni a la acción para remediar el problema.	10 %

Explorando las dimensiones del éxito en la formación profesional: más allá del rendimiento académico y la inserción laboral

M. Aránzazu Carrasco Temiño

Universidad Complutense de Madrid (España)

María Naranjo Crespo

Universidad Complutense de Madrid (España)

Paloma Valdivia Vizarreta

Universidad Autónoma de Barcelona (España)

Abstract: Youth represents a pivotal stage with a significant impact on future success prospects. However, it is crucial to recognise that success should not be confined to a one-dimensional approach based on capitalist indicators such as higher salary or securing employment. The concept of success is inherently multidimensional and intricately linked to elements that are part of both individual and collective experiences. The aim of this study is to conceptualise success in Vocational Education (VE) within an epistemological framework that transcends reductionist approaches associated with academic performance in the school environment and job placement in the professional context, while identifying the dimensions of this construct. To achieve this, an international documentary review on success in VE was conducted as the method. The findings were organised around three dimensions based on categories that are interconnected in a dialectical relationship: 1. The objective and the subjective. 2. The personal and the academic. 3. The personal and the communal. The study's conclusions advocate for a more holistic understanding of success in VE, highlighting the role of personal goals, subjective experience, and student empowerment in their pursuit of success, promoting an educational vision that respects and fosters personal growth and individual fulfillment, as stipulated within the framework of human rights.

Keywords: Concept Analysis, Critical Theory, Success, Vocational Training.

1. Introducción

Actualmente, la Formación Profesional (FP) está atesorando un mayor protagonismo entre la población adolescente y joven como un itinerario académico relevante. La reciente publicación de la Ley Orgánica de Ordenación e Integración de la Formación Profesional de marzo de 2022 ha reforzado esta visión, otorgando una posición de peso a la FP en el sistema educativo nacional. Además, si se analizan los datos de matriculación en este tipo de formación, se detecta que en los últimos años se mantiene una tendencia positiva en contraposición al descenso de estudiantes matriculados en Bachillerato y Grado Universitario. Sin embargo, al revisar la evolución del alumnado titulado no se encuentra la misma tendencia, con una tasa de finalización de la FP del 60,9 % del alumnado matriculado (Gamboa y Moso, 2022). En este sentido, es necesario conocer los factores asociados a la FP que influyen en el éxito del alumnado, y, sobre todo, poder aproximarnos a una definición más completa de este concepto, ya que encontramos estudios donde, por ejemplo, se muestra que el mayor obstáculo es la falta de seguridad percibida por el alumnado sobre su propio éxito académico ante las experiencias escolares que han tenido anteriormente (Salva-Mut *et al.*, 2014).

El éxito académico, en muchas ocasiones, es confundido con el rendimiento académico (Aguilera *et al.*, 2020; York *et al.*, 2015), que viene determinado por la realización de las actividades académicas de forma exitosa. Incluso, se ha identificado literatura que utiliza ambos términos indistintamente (Parker *et al.*, 2004). En este sentido, además, esta mirada adopta un carácter reduccionista cuando el rendimiento académico se asocia únicamente a la calificación final del estudiante en el curso académico, sin tener en cuenta otros factores.

En relación con el rendimiento académico, se trata de un concepto relacionado de forma directa con otras dos dimensiones definidas en la literatura, como son la consecución de objetivos de aprendizaje y adquisición de habilidades y competencias. Sin embargo, atendiendo a la conceptualización reduccionista señalada anteriormente, dichos elementos se encuentran desdibujados en muchas ocasiones en la bibliografía sobre el tema.

Aun así, no solo el rendimiento académico forma parte del éxito, sino también otros factores como el compromiso hacia las actividades educativas, la satisfacción, la adquisición de conocimientos, habilidades y competencias deseadas, la persistencia, el logro de objetivos de aprendizaje o el éxito profesional (York *et al.*, 2015).

Otro factor relevante vinculado al éxito académico identificado por la literatura es la finalización de los estudios, lo que es coherente con algunas dimensiones definidas por Kuh *et al.* (2006) y York *et al.* (2015) como la persistencia o la resiliencia académica.

Otros factores vinculados con el éxito académico son el rendimiento académico en la etapa de educación obligatoria, la demografía del alumnado o las características personales y sociales del alumnado, siendo el rendimiento en etapas educativas previas uno de los factores más relevantes (Alyahyan y Düştegör, 2020) y que, además, orienta el interés hacia distintos temas o vocaciones (Aluko *et al.*, 2018). En relación con ello, también se identifica como factor clave las situaciones de abandono escolar (Cerdà-Navarro *et al.*, 2020) y la satisfacción del estudiante (Shockley *et al.*, 2016).

Concretando el éxito académico en la FP, desde el marco epistemológico de la Pedagogía Crítica, se ha conceptualizado dicha relación desde dos vertientes fundamentales que superan los planteamientos reduccionistas que vinculan el éxito en FP únicamente con la oportunidad de ajuste a las necesidades del mercado y de inserción laboral para estudiantes en situación de desventaja socioeconómica. En este sentido, desde la Pedagogía Crítica la visión del éxito adquiere una mirada vinculada con elementos de carácter educativo y social, como son las oportunidades educacionales y la movilidad social para estudiantes en situación de desventaja. Al respecto, Tranter (2012) define la FP como una oportunidad de éxito para los estudiantes que han sido alienados de su capacidad para afrontar el currículum escolar a causa de la jerarquía curricular (*high culture-massive culture*) y el aumento de las diferencias y la estratificación del currículum escolar. Por ello, la autora advierte del peligro de la FP cuando los procesos de aprendizaje se orientan bajo una visión instrumentalista del conocimiento orientada a la mercantilización de los procesos educativos, frente a una visión capaz de construir conocimientos profundos y complejos.

Sobre la FP como oportunidad de movilidad social, el estudio de García-Gómez *et al.* (2016) desarrollado con las familias apunta que, si bien la FP no es el itinerario ideal, sí que es el itinerario real y aceptado en las familias de niveles socioeconómicos bajos y medios-bajos, ya que implica un ascenso formativo en relación con sus progenitores. Además, el estudio destaca que la FP es más valorada como opción académica o de permanencia en el sistema educativo que como opción profesionalizadora. Otros elementos que destaca el estudio son el interés de los temas que ofrece la FP, coherentes con necesidades actuales de la sociedad (como es el caso de la informática a nivel empresarial y comercial y la enfermería a nivel asistencial); así como el deseo de que sus hijos puedan optar a desarrollar una profesión vinculada a su formación.

Todo ello nos muestra un mapa complejo de un concepto multidimensional como es el éxito del alumnado en la Formación Profesional. Por lo tanto, el objetivo de este estudio es conceptualizar el éxito en la FP desde un marco epistemológico que permita superar las dimensiones reduccionistas asociadas al rendimiento académico en el marco escolar y a la inserción laboral en el ámbito profesional, así como identificar las dimensiones de este constructo a partir de una revisión documental internacional.

2. Metodología

Este estudio se ha realizado a partir de una revisión documental internacional sobre el éxito en FP. La ausencia de bibliografía que abordase este tema más allá del establecimiento de las relaciones tradicionales con los constructos de rendimiento académico e inserción laboral ha imperado a realizar el proceso de búsqueda acotando dimensiones concretas del concepto de éxito que fueron identificadas en una búsqueda preliminar:

A. El éxito objetivo y subjetivo.
B. El éxito profesional y académico.
C. El éxito personal y comunitario.

En primer lugar, se definió el objetivo del estudio, así como los criterios de inclusión de los documentos que iban a formar parte del proceso de revisión:

A. Artículos académicos e informes de entidades especializadas.
B. Documentos en castellano o inglés.
C. Documentos disponibles en acceso abierto a texto completo.

A continuación, se realizó la búsqueda bibliográfica a través de las bases de datos Scopus, Web of Science, ERIC y Scielo.

En tercer lugar, se seleccionaron los documentos atendiendo al siguiente proceso: evaluación de título y resumen, evaluación de texto completo, evaluación de calidad y extracción de datos.

Finalmente, se analizaron los datos obtenidos y se aportaron resultados y conclusiones sobre ellos. Para su realización se ha utilizado como referencia el marco de la declaración PRISMA, considerando algunos de los criterios establecidos en la misma.

3. Resultados

A partir del análisis de los documentos incluidos en la revisión y de la búsqueda preliminar realizada, se han definido tres dimensiones que permiten construir una conceptualización actual del éxito en Formación Profesional:

A. Lo objetivo y lo subjetivo.
B. Lo profesional y lo académico.
C. Lo personal y lo comunitario.

A continuación, se desarrollan las tres dimensiones citadas, así como las categorías incluidas en cada una de ella.

3.1. Lo objetivo y lo subjetivo

La FP ha sido concebida de forma tradicional desde diferentes organismos e instituciones, a partir del informe de Stuart Rossenfeld de 1998 para la OCDE, en estrecha conexión con el ámbito empresarial y el mercado laboral. Por ejemplo, en el año 2019, la Fundación Bankia por la Formación Dual publica un informe en el que se definen las siguientes funciones de la Formación Profesional (p. 23):

- Educar y formar a los nuevos empleados y empleadores para consolidar el conocimiento crítico de las empresas.
- Suministrar información actualizada y formar para la actualización de los conocimientos y las competencias de los empleados de las empresas.
- Facilitar la absorción y adaptación de las nuevas tecnologías por parte de las empresas.
- Organizar redes activas de empresas para facilitar los procesos interactivos de aprendizaje e innovación.

Al respecto, también son relevantes las conclusiones publicadas en 2017 por el Centro Europeo para el Desarrollo de la Formación Profesional (CEDEFOP) a partir de su encuesta de opinión, en las que se concluye que la ciudadanía europea tiene una visión positiva de la FP en relación con los siguientes aspectos:

A. Promoción de oportunidades laborales.
B. Preparación de los estudiantes para el mundo laboral.
C. Dar respuesta a las necesidades del mercado laboral.

Esta visión tradicional de la Formación Profesional, avalada por organismos como la ODCE y vinculada a conceptos económicos, se relaciona con la dimensión del éxito objetivo. Además, desde esta visión, la dimensión del éxito objetivo se relaciona con una doble perspectiva: el éxito del mercado laboral (la capacidad de la FP de dar respuesta a las necesidades del mercado) y el éxito de los estudiantes de FP (la capacidad de la FP de formar a los estudiantes para insertarse en el mercado laboral).

En el caso del presente estudio, y con el objeto de alejar la FP de una visión instrumentalista orientada a la mercantilización de los procesos educativos, solo se considerará la dimensión del éxito objetivo desde la perspectiva de los estudiantes de FP, sin incluir los elementos relacionados con las necesidades del sistema productivo.

Sin embargo, para avanzar hacia una definición actual del éxito en FP, es importante incluir además los elementos de la experiencia subjetiva que construyen la percepción de éxito de cada estudiante. Estos elementos subjetivos se relacionan con el desarrollo personal del estudiante.

Es relevante, aun así, considerar la interrelación que existe entre la dimensión de éxito objetivo y subjetivo. A modo de ejemplo, el estudio de Heslin sobre éxito profesional (2005, p. 115) recuerda una anécdota en la que en 1997 Zig Ziglar afirmó que «las personas que dicen que no les importa el dinero probablemente también mientan sobre otras cosas».

En cualquier caso, si bien la experiencia objetiva tiene un impacto en la experiencia subjetiva del estudiante, desde el estudio se aboga por transitar hacia un modelo de estudio del éxito que ponga el foco en el desarrollo personal y trascienda de la mera inserción laboral directa una vez finalizado el periodo formativo.

Esta visión se justifica, de una parte, desde estudios de autoras como Tranter (2012) que, desde el paradigma de la Pedagogía Crítica, advierte del peligro de convertir la FP en un elemento de respuesta a las demandas del mercado. Y, de otra parte, desde una perspectiva más canónica, a partir de los documentos desarrollados por organismos como Naciones Unidas. Algunos ejemplos de ello son la Declaración Universal de Derechos Humanos o los Objetivos de Desarrollo Sostenible.

Del último documento, destaca el Objetivo de Desarrollo Sostenible 4 (Educación de calidad), formulado desde los principios de equidad, inclusión y aprendizaje a lo largo de toda la vida; así como el hecho de que las instituciones educativas de los países que forman parte de la Organización suscriban cada vez en mayor medida estos planteamientos.

3.2. Lo profesional y lo académico

El éxito en FP incluye también elementos vinculados tanto al ámbito profesional como académico. Sendas dimensiones, a su vez, incluyen elementos de naturaleza tanto objetiva como subjetiva.

En el caso de la dimensión profesional, atendiendo a la definición de éxito profesional de Cantón y Fernández-Díaz (2018), abarcaría tanto los logros objetivos y cuantificables vinculados a la trayectoria profesional (dimensión objetiva), como los valores y la experiencia subjetiva vinculada a su proyecto de vida (dimensión subjetiva).

A continuación, se presentan algunas de las categorías —de naturaleza tanto objetiva como subjetiva— identificadas por la investigación sobre éxito profesional:

Tabla 1. El éxito objetivo y subjetivo en el ámbito profesional

Fuente	Éxito objetivo	Éxito subjetivo
Hall (1976)	Salario, crecimiento salarial, ascensos	
Friedman y Greenhouse (2000)	Estatus	Tiempo para uno mismo, desafío, seguridad, social
Helsin (2005)	Prestigio, dinero, poder, ascensos	
(Cochran, 1990; Dobrow, 2003; Finegold y Mohrman, 2001; Hall y Chandler, 2005; Wrzesniewski, 2002, como se citó en Helsin, 2005)		Equilibrio entre trabajo y vida personal, sentido de significado, finalidad, transcendencia, contribución

Estas categorías vinculadas a la dimensión profesional, sin embargo, son insuficientes para definir qué es el éxito en FP, en tanto que, si bien trascienden del ámbito profesional, incluyendo una dimensión subjetiva vinculada al proyecto de vida de cada persona; no dan cuenta de los elementos asociados al propio proceso formativo.

Al respecto, son relevantes los estudios que, desde la Pedagogía Crítica, conceptualizan el éxito en la FP desde las oportunidades educacionales y de movilidad social, especialmente, en el caso de estudiantes en situación de desventaja educativa, económica y social.

Por ejemplo, Tranter (2012) define la FP como una oportunidad de éxito para los estudiantes que han sido alienados de su capacidad para afrontar el currículum escolar a causa de la jerarquía curricular (*high culture-massive culture*) y el aumento de las diferencias y la estratificación del currículum escolar.

Otro ejemplo es el estudio de García-Gómez *et al.* (2016) realizado con las familias de estudiantes de FP, donde se apunta que, si bien la FP no es el itinerario ideal, sí que es el itinerario real y aceptado en las familias de niveles socioeconómicos bajos y medios-bajos, ya que implica un ascenso formativo en relación con sus progenitores. Además, el estudio destaca que la Formación Profesional es más valorada como opción académica o de permanencia en el sistema educativo, que como opción profesionalizadora. Otros elementos que destaca el estudio son el interés los temas que ofrece la FP, coherentes con necesidades actuales de la sociedad (como es el caso de la Informática a nivel empresarial y comercial y la Enfermería a nivel asistencial); así como el deseo de que sus hijos puedan optar a desarrollar una profesión vinculada a su formación.

El estudio de García y Lorente (2015), en el que se incluyen además las voces de los estudiantes y el profesorado, también apunta a una concepción del éxito en la Formación Profesional en términos de oportunidades educacionales. En el caso de los estudiantes y sus familias, destacan que la FP es una opción formativa válida y real. Sin embargo, las creencias del profesorado son más próximas a la concepción tradicional de la FP, entendiendo que este tipo de formación es un medio para la inserción laboral de los estudiantes que han fracasado en el Sistema Educativo.

En este sentido, se pueden identificar algunas categorías del éxito vinculadas a la dimensión formativa dentro de este marco epistemológico a partir de los estudios de García (2015), García-Gómez *et al.* (2016) y Tranter (2012):

A. Oportunidades educacionales
  • Superación de la jerarquía curricular y la estratificación del currículum escolar para la permanencia en el sistema educativo.
  • Interés vocacional.

B. Movilidad social
   - Ascenso formativo (en relación con progenitores).
   - Posibilidad de desarrollar una profesión vinculada a la formación.

3.3. Lo personal y lo comunitario

La juventud representa una etapa fundamental en la vida de una persona, con un impacto significativo en sus perspectivas de éxito futuro. La definición de éxito varía ampliamente entre los jóvenes, ya que cuestionan y buscan comprender qué constituye el «verdadero éxito». Cada persona puede enfocar su concepto de éxito de diversas maneras, por ejemplo, al hecho de superar cuestiones personales pese a la adversidad o de reducir desigualdades, más que centrarlo en productividad (Khan, 2022). Este proceso involucra el desarrollo de sus competencias personales y la influencia de personas significativas en sus vidas (Mac Intosh *et al.*, 2019).

En este sentido, el empoderamiento de los jóvenes se convierte en un elemento esencial en esta etapa, ya que les capacita para asumir un rol activo en su propio desarrollo en lugar de ser meros receptores pasivos de información o habilidades (Lerner *et al.*, 2005).

A continuación, se describen ocho categorías de empoderamiento organizadas a nivel personal y comunitario (Planas-Lladó y Úcar, 2022) y se reflexiona sobre cómo el desarrollo o la carencia de estas dimensiones influyen en el éxito.

3.3.1. Categorías personales

En el ámbito personal, se pueden identificar cinco categorías vinculadas con el empoderamiento que pueden facilitar o limitar el éxito: capacidad crítica, autoestima, metaaprendizaje, eficacia y autonomía (Llena *et al.*, 2023):

A. Capacidad crítica: es la habilidad para analizar problemas y desarrollar criterios propios. En este sentido, los jóvenes con sólidas habilidades críticas pueden evaluar situaciones de manera más profunda (Trivedi y Patel, 2023), tomar decisiones más informadas y adaptarse a circunstancias cambiantes, lo que les otorga una ventaja en su camino hacia el logro de metas.

B. Autoestima: una autoestima saludable —que incluye la satisfacción personal, la capacidad para enfrentar desafíos y la presentación segura ante los demás— fomenta la resiliencia y la perseverancia, aspectos cruciales para superar obstáculos y mantener la motivación en momentos difíciles.

C. Metaaprendizaje: la conciencia de haber adquirido conocimientos y habilidades, junto con la capacidad de aprender a aprender, empodera a los jóvenes para adaptarse y prosperar en un mundo en constante cambio. Esta capacidad de autorreflexión y autorregulación es esencial para el éxito a largo plazo (Lerner *et al.*, 2005).

D. Eficacia: la capacidad de tomar decisiones efectivas y mantener una rutina constante facilita la consecución de objetivos. Los jóvenes eficaces pueden planificar y ejecutar sus metas de manera eficiente, lo que les permite avanzar hacia el éxito de manera efectiva. También es positivo en sentido inverso, es decir, conseguir sus metas genera una mayor autoeficacia y autoconcepto.

E. Autonomía: la iniciativa y la capacidad de actuar según sus propias convicciones permite a los jóvenes tomar el control de sus vidas, establecer metas y seguir sus pasiones, superar la adversidad y hacer transiciones exitosas a la edad adulta (Morton y Montgomery, 2013).

3.3.2. Categorías comunitarias

La comunidad se percibe como un espacio de oportunidades que se constituye como un entorno relacional con múltiples posibilidades de participación y acción, con una diversidad de referentes y líderes, tanto formales como informales, que actúan como catalizadores del empoderamiento. En este sentido, en el ámbito comunitario se pueden identificar tres categorías vinculadas con el empoderamiento que pueden facilitar o limitar el éxito: responsabilidad, identidad comunitaria y trabajo en equipo.

A. Responsabilidad: la asunción voluntaria y realista de compromisos y tareas, junto con la asunción de funciones en grupos y organizaciones, forma parte del camino para potenciar el éxito. Esto no solo inculca disciplina y organización, sino que también promueve la colaboración y el trabajo en equipo, habilidades valiosas tanto en la educación como en el desarrollo profesional.

B. Identidad comunitaria: conocer la comunidad en la que se encuentran y sentirse parte de ella promueve conexiones significativas y oportunidades de colaboración, en la que los jóvenes reconocen su importancia y valor en y por la comunidad, lo que apoya la idea de un soporte comunitario en el logro de las metas de los jóvenes.

C. Trabajo en equipo: la capacidad de involucrarse en el trabajo en equipo, desempeñar roles de liderazgo, comunicarse y negociar es fundamental en entornos educativos y laborales. Estas habilidades de colaboración son un componente crucial del éxito en una sociedad interconectada.

El empoderamiento juvenil está estrechamente relacionado con el éxito en diversas áreas de la vida de los jóvenes, incluyendo la educación, la carrera profesional y el bienestar personal. Al proporcionar a los jóvenes las herramientas y oportunidades para tomar decisiones, desarrollar habilidades y participar activamente en su comunidad, se les capacita para superar desafíos y alcanzar su máximo potencial.

El empoderamiento de los jóvenes, caracterizado por la participación y la influencia en su entorno, en primer lugar, promueve el desarrollo de habilidades prácticas y la adquisición de conocimientos aplicables en situaciones reales. Así mismo, en segundo lugar, la asunción voluntaria de compromisos y la participación fomentan la responsabilidad y la disciplina, cualidades transferibles y valiosas a lo largo de la vida. Finalmente, también permite analizar problemas y desarrollar criterios propios, proporcionando a los jóvenes las herramientas necesarias para evaluar situaciones en profundidad y tomar decisiones informadas.

De la misma forma, la carencia de factores de empoderamiento, como una baja autoestima, la falta de habilidades de adaptación o la incapacidad para tomar decisiones efectivas, pueden limitar el progreso y el logro de los jóvenes, lo que afecta su éxito educativo y profesional (Llena *et al.*, 2023).

4. Conclusiones

El objetivo de este estudio ha sido conceptualizar el éxito en la FP desde un marco epistemológico que permita superar los enfoques reduccionistas asociados al rendimiento académico en el ámbito escolar y a la inserción laboral en el contexto profesional, así como identificar las dimensiones de este constructo. Las tres dimensiones, basadas en categorías que se articulan en una relación dialéctica, permiten transitar hacia una comprensión más holística del éxito en la FP, que evidencia el papel de las metas personales, la experiencia subjetiva y el empoderamiento del alumnado en su búsqueda del éxito.

De la primera dimensión (lo objetivo y lo subjetivo) se puede concluir que permanece una visión de la FP vinculada a conceptos económicos y relacionada con el éxito objetivo desde una doble perspectiva: el éxito del mercado laboral (la capacidad de la FP de dar respuesta a las necesidades del mercado) y el éxito de los estudiantes (la capacidad de la FP de capacitar a estudiantes para insertarse en el mercado laboral). Sin embargo, esta visión reduccionista no incluye los elementos de la experiencia subjetiva que construyen la percepción de éxito de cada estudiante y, además, aproxima a la FP al peligro de convertirse en un instrumento de respuesta a las necesidades del mercado (Tranter, 2012) que la alejan de la visión humanista de la educación. Frente a esta visión, el marco epistemológico de la Pedagogía Crítica —desde una mirada transformadora— y las propuestas de organizaciones como la UNESCO —desde un enfoque más canónico— ponen en valor principios como la equidad y la inclusión que actúan como facilitadores para superar los enfoques profesionalizantes de los procesos educativos y resituar a la educación en su misión humanista.

De la segunda dimensión (lo académico y lo profesional) destacan las interrelaciones identificadas con la dimensión anterior, incluyendo, en el caso del ámbito profesional tanto logros objetivos y cuantificables (salario, ascensos, poder, etc.) como los valores y la experiencia subjetiva vinculada al proyecto de vida (tiempo para uno mismo, equilibrio personal y profesional, transcendencia, etc.). En el caso de la dimensión académica, dentro del marco de las Pedagogías Críticas (García, 2015; García-Gómez *et al.*, 2016; Tranter, 2012) se destacan cuestiones vinculadas a las oportunidades educacionales (interés vocacional y permanencia en el sistema educativo gracias a la superación de la jerarquía curricular y la estratificación del currículum escolar) y los procesos de movilidad social (ascenso formativo en relación con sus progenitores y posibilidad de desarrollar una profesión vinculada con su formación).

En cuanto a la tercera dimensión (lo personal y lo comunitario), se define en estrecha relación con el empoderamiento, identificando las categorías personales (capacidad crítica, autoestima, metaaprendizaje, eficacia, autonomía) y comunitarias (responsabilidad, identidad comunitaria, trabajo en equipo) vinculadas a este constructo. Estas categorías pueden actuar como limitadoras o potenciadoras del éxito, en tanto que sustentan el desarrollo personal, académico y profesional de los jóvenes y les permiten superar desafíos y explorar todas sus posibilidades vitales. En este sentido, se revela fundamental reivindicar el enfoque comunitario de la educación y reconocer el papel que desempeñan los lugares cercanos donde interactúan los jóvenes en los procesos de empoderamiento y éxito.

Estos resultados permiten transitar hacia una conceptualización del éxito de carácter humanista, que reconoce el papel de la experiencia subjetiva del estudiante y su comunidad en la consecución de logros académico-profesionales como parte de un proyecto de vida con una dimensión social. Esta visión, dentro del marco de los derechos humanos, permitiría sentar las bases para la promoción de políticas y prácticas educativas que reduzcan los costos emocionales y la incertidumbre de los jóvenes inherentes a las dinámicas educativas mercantilistas a favor de un modelo humanista de bienestar personal y comunitario.

Agradecimientos/apoyos

Este estudio ha sido elaborado en el marco del proyecto I+D+i «Ser FP en España: Trayectorias de Éxito y Valor Social en la Formación Profesional» (referencia PID2020 -112842RB-I00). Financiado por el Ministerio de Ciencia e Innovación.

Referencias

Aguilera, F. R., Hermosilla, A., Yañez, L. y Uribe, S. (2020). Factores asociados al éxito académico en estudiantes de odontología durante el ciclo clínico de formación profesional. *Revista Electrónica de Investigación en Docencia Universitaria, 2*(2), 99-116.

Aluko, R. O., Daniel, E. I., Shamsideen, O., Aigbavboa, C. O. y Abisuga, A. O. (2018). Towards reliable prediction of academic performance of architecture students using data mining techniques. *Journal of Engineering, Design and Technology, 16*(3), 385-397. https://doi.org/10.1108/JEDT-08-2017-0081

Alyahyan, E. y Düştegör, D. (2020). Predicting academic success in higher education: Literature review and best practices. *International Journal of Edu-*

cational Technology in Higher Education, 17(1), 3. https://doi.org/10.1186/s41239-020-0177-7

Cantón, I., y Fernández-Díaz, J. R. (2018). Estado de la cuestión en Revista de Educación sobre el éxito profesional. *International Journal of Educational Research and Innovation (IJERI)*, 10, 64-90.

Cedefop (2017). *Cedefop European public opinion survey on vocational education and training*. Publications Office of the European Union.

Cerdà-Navarro, A., Sureda-García, I. y Salvà-Mut, F. (2020). Intención de abandono y abandono durante el primer curso de Formación Profesional de Grado Medio: Un análisis tomando como referencia el concepto de implicación del estudiante («student engagement»). *Estudios sobre Educación*, 39, 33-57. https://doi.org/10.15581/004.39.33-57

Friedman, S. D. y Greenhaus, J. H. (2000). *Allies or enemies? How choices about work and family affect the quality of men's and women's lives*. Oxford University Press.

Fundación Bankia por la Formación Dual. (2019). *La Formación Profesional en la empresa industrial española*. Fundación Bankia por la Formación Dual.

Gamboa, J. P. y Moso, M. (2022). *Observatorio de la Formación Profesional en España. Una nueva Ley de FP para unos nuevos tiempos*. CaixaBank Dualiza y Orkestra-Instituto Vasco de Competitividad.

García, E. y Lorente, R. (2015). Recorrido por la imagen social de la Formación Profesional. Revista Española de Educación Comparada, (26), 119-134. https://doi.org/10.5944/reec.26.2015.14270

García-Gómez, S., Ordóñez-Sierra, R., Vinuesa, E. e Izquierdo, R. (2016). Expectativas de las familias del alumnado de formación profesional acerca de su futuro laboral. *Archivos Analíticos de Políticas Educativas*, 24(124), 1-28. https://doi.org/10.14507/epaa.24.2484

Hall, E. T. (1976). *Más allá de la cultura*. Punto y Línea.

Heslin, P. A. (2005). Conceptualizing and evaluating career success. *Journal of Organizational Behavior*, 26(2), 113-136. https://doi.org/10.1002/job.270

Khan, R. (2022). Beyond empowerment and inspiration: towards a critical program for multicultural youth leadership. *Journal of Youth Studies*, 25(9), 1284-1300. https://doi.org/10.1080/13676261.2021.1948980

Lerner, R. M., Almerigi, J. B., Theokas, C. y Lerner, J. V. (2005). Positive youth development a view of the issues. *The journal of early adolescence*, 25(1), 10-16. https://doi.org/10.1177/0272431604273211

Llena, A., Planas-Lladó, A., Vila-Mumbrú, C. y Valdivia-Vizarreta, P. (2023). Factors that enhance and limit youth empowerment, according to social educators, *Qualitative Research Journal*, *23*(5), 588-603. https://doi.org/10.1108/QRJ-04-2023-0063

Mac Intosh, A. S., Martin, E. M. y Ewing, M. E. (2020). Youth definitions of success, obstacles to success, and how significant others can help: Providing youth a voice in their own development. *International Journal of Adolescence and Youth*, *25*(1), 491-504. https://doi.org/10.1080/02673843.2019.1674166

Morton, M. H. y Montgomery, P. (2013). Youth Empowerment Programs for Improving Adolescents' Self-Efficacy and Self-Esteem: A Systematic Review, *Research on Social Work Practice*, *23*(1), 22-33. https://doi.org/10.1177/1049731512459967

Parker, J. D. A., Summerfeldt, L. J., Hogan, M. J. y Majeski, S. A. (2004). Emotional intelligence and academic success: Examining the transition from high school to university. *Personality and Individual Differences*, *36*(1), 163-172. https://doi.org/10.1016/S0191-8869(03)00076-X

Planas-Lladó, A. y Úcar, X. (2022). Evaluating youth empowerment: the construction and validation of an inventory of dimensions and indicators. *American Journal of Evaluation*. https://doi.org/10.1177/10982140211055643

Salva-Mut, S.-M., Quintana-Murci, E. y Desmarais, D. (2014). Inclusion and exclusion factors in adult education of youth with a low educational level in Spain. *European Journal for Research on the Education and Learning of Adults*, *6*(1), 9-23. https://doi.org/10.3384/rela.2000-7426.rela0121

Shockley, K. M., Ureksoy, H., Rodopman, O. B., Poteat, L. F. y Dullaghan, T. R. (2016). Development of a new scale to measure subjective career success: A mixed-methods study: Subjective Career Success. *Journal of Organizational Behavior*, *37*(1), 128-153. https://doi.org/10.1002/job.2046

Tranter, D. (2012). Unequal schooling: how the school curriculum keeps students from low socio-economic backgrounds out of university. *International Journal of Inclusive Education*, *16*(9), 901-916. http://doi.org/10.1080/13603116.2010.548102

Trivedi, V. y Patel, V. (2023). Empowering Youth: Building A Strong Foundation For Tomorrow. *Vidya-A Journal Of Gujarat University, 2*(2), 118-120. https://doi.org/10.47413/vidya.v2i2.218

York, T. T., Gibson, C. y Rankin, S. (2015). Defining and Measuring Academic Success. *Practical Assessment, Research, and Evaluation, 20*(5), 1-20. https://doi.org/10.7275/HZ5X-TX03

El estilo de enseñanza pedagógica en el baile flamenco: un estudio de caso

Macarena Cortés-Vázquez

Universidad de Sevilla, (España)

Abstract: Since its beginnings, flamenco has been perpetuated thanks to the oral and informal transmission of Spanish culture. Over the years, flamenco dance has taken shape in a curriculum that has led it to form part of non-formal educational teaching. This study aims to identify the pedagogical teaching styles that currently prevail in the teaching of the Sevillian flamenco dance school in order to contribute to the shaping of its teaching and to promote the implementation of the Andalusian Flamenco Law 4/2023. The methodology used is of a mixed nature. For the process of observation in situ, a numerical estimation scale was designed and a field diary was used to gather detailed information on the reality of the situation. As a result, we found insignificant differences between the public and private spheres of action, where the tutorial style is the most characteristic among the styles studied. Indicators of other styles are found in a high frequency that are significant for this study. After carrying out an exhaustive analysis of these teaching styles, we have brought together the common denominators that could well constitute the essence of the Sevillian school. In such a way that, with them, it is possible to identify the Sevillian school, whose most significant features would make up a teaching style specific to flamenco dance.

Keywords: Pedagogical Teaching Styles, Flamenco Dance, Teaching-Learning, Non-Formal Education.

1. Introducción

La nueva Ley 4/2023, de 18 de abril, Andaluza del Flamenco, pone de manifiesto la relevancia de estudios educativos en materia de flamenco con la finalidad de incluir en el currículum académico contenido específico sobre esta asignatura artística. Esta investigación pretende establecer conceptos didácticos y metodológicos sobre los procesos de enseñanza-aprendizaje en el baile flamenco, centrándonos en el estudio de la Escuela Sevillana, estilo femenino de baile flamenco por antonomasia. Para favorecer el cumplimiento de esta legislación, nuestra investigación pretende coadyuvar a la conformación del perfil profesional de las maestras de Escuela Sevillana de baile flamenco, siendo este estilo considerado según el Decreto 518/2012 como Bien de Interés Cultural.

El flamenco requiere, para su reconstrucción, una aproximación científica que rompa con la construcción de que la historia del flamenco es lo que está escrito, pues hasta hace pocos años y en palabras de Cruces (2002) «siendo "cosa del pueblo" y hasta "cosa de chusma", no revestía gran interés como objeto de reflexión» (p. 69) especialmente, en investigación educativa, con lo que los estudios referentes a esta materia son muy escasos y, a veces, de difícil credibilidad.

En el ámbito de la enseñanza-aprendizaje, la labor de los maestros ha tenido un papel relevante, así como los aprendizajes por imitación que acontecían en fiestas familiares, colmaos, y los posteriores cafés cantantes y academias de baile, donde su transmisión tomó una metodología diferente, más actualizada y académica a la conocida anteriormente.

Podemos afirmar que el flamenco procede de la educación informal y, hoy día, está próximo a su inclusión en algunos ámbitos formales. Dada la importancia del flamenco y relevancia de sus enseñanzas, bajo el marco de la nueva ley se pretende coadyuvar a la identificación de los estilos de enseñanza pedagógicos de nuestro país. Para ello, se atiende a un colectivo de mujeres que enseñan el estilo de baile flamenco más puro y tradicional, el cual aún conserva la base del flamenco femenino por antonomasia: las maestras de escuela sevillana de baile flamenco.

La finalidad de este estudio radica en conocer y ahondar en las enseñanzas del baile flamenco para poder diseñar nuevas estilos y métodos didácticos de enseñanza que consoliden los procesos de aprendizaje, partiendo del análisis de la realidad de las praxis educativas de sus docentes en la actualidad. Entre los objetivos de estudio destacamos:

Objetivo general:

Analizar los aspectos pedagógicos de las enseñanzas de escuela sevillana de baile flamenco.

Objetivos específicos:

Estudiar los estilos de enseñanzas pedagógicas presentes actualmente en las enseñanzas de baile flamenco de escuela sevillana.

Conocer la diversidad metodológica de las enseñanzas de flamenco de escuela sevillana.

Proponer un estilo de enseñanza pedagógico propio del baile flamenco.

2. Los estilos de enseñanzas pedagógicos

Educación y cultura son dos aspectos que nacen íntimamente relacionados. El baile flamenco ha nacido anclado a concepciones culturales y así, ha sido enseñado y aprendido como ritual de ceremonia de generación en generación.

A lo largo de la evolución del ser humano, han acontecido diferentes cambios en las bases sociales, los cuales han propiciado cambios en las formas de enseñar en nuestra sociedad. Actualmente, en educación existen diferentes modelos que dan forma a la práctica del aula y que han sido estudiadas en profundidad por múltiples autores para darle sentido al concepto. Estas «formas de enseñar» son las que han dado lugar a la consolidación del término «modelos de enseñanza» (Correa y Pérez, 2022). Teniendo en consideración que el flamenco pertenece hace tan solo 15 años a los estudios reglados y formales con amparo legislativo, vamos a profundizar en el concepto de modelos o estilos de enseñanza para conocer los estilos característicos del flamenco.

Para atender a realizar una clasificación de los modelos de enseñanza como constructo teórico, vamos a analizar en profundidad los *Estilos o Modelos* de enseñanza realizando un análisis de la literatura hasta el momento.

Atendiendo en primer lugar a la diferenciación entre estilos pedagógicos y modelos de enseñanza. Diversos autores como Díaz y Hernández (1999), Escudero (1981) y Guerrero (1988), ponen de manifiesto que existen similitudes en el uso de ambos términos (modelos o estilos) así como la significación para la cual se emplean.

Estos autores definen el concepto de modelos de enseñanza utilizando como sinónimo el término estilos de enseñanza. Atendiendo a las consideraciones de Badiou (1972), un modelo se refiere a la organización y estructura de una realidad concreta, la cual describe y explica mediante conceptos. Es decir, un modelo hace referencia a la simulación de una realidad concreta, descrita y explicada a través de conceptos.

Previamente y siguiendo las consideraciones de De León (2005), vamos a aunar los conceptos modelos de enseñanza y estilos de enseñanza para reseñarlos en este trabajo como *Estilos de Enseñanza Pedagógicos (EEP)*.

Tras la revisión sistemática del concepto que realiza Rendón, existen parámetros en común entre los que destaque que los estilos de enseñanza tienen en cuenta variables relacionadas con la personalidad, el comportamiento, el conocimiento y las concepciones implícitas o explícitas que tiene el profesor sobre la enseñanza y el aprendizaje o la combinación entre ellas (2013, p. 181).

Los EEP surgen dando forma a las diferentes versiones de la enseñanza. Para cerrar nuestro marco de estudio y conocer los diferentes EEP, trazamos un recorrido sobre las versiones de la enseñanza más destacadas y conocemos las características que recogen los EEP. Este marco legislativo nos servirá para desarrollar las escalas de observación y registro de datos que en el apartado de metodología desarrollaremos.

Comenzando con reseñar las versiones de la educación que propone Estebaranz (1999) como diferentes perspectivas o enfoques:

La *versión tradicional: la enseñanza como transmisión cultural*, que encaja con la expuesta por otros autores donde el conocimiento del ser humano es un agente de transmisión cultural. El maestro es el transmisor del conocimiento con una estructura y ambiente de aula disciplinar. Bajo este enfoque el sujeto que aprende no tiene la posibilidad de entender la ciencia de forma significativa y relevante para su vida.

La *versión tecnológica: la enseñanza como formación de hábitos*, sitúa la enseñanza como agente facilitador de la integración del hombre en la sociedad, siendo este el principal objetivo de este enfoque. Una de las dificultades que se asocian a esta versión de la enseñanza es la transferencia del aprendizaje de destrezas aislado del contexto; no es importante ni el contexto ni el contenido porque las capacidades del hombre son las que le permiten adaptarse y solucionar la situación.

Otra de sus versiones se basa en las teorías de Rousseau y Piaget, centrando la enseñanza en la intervención sobre el ambiente y facilitando las experiencias de aprendizaje. Es la llamada *versión no directiva: la enseñanza como orientación*. El alumno, como agente activo, y la enseñanza, como proceso de creación y transformación de los esquemas mentales del aprendiz, se encuentran bajo la *versión constructivista: la enseñanza como producción de cambios conceptuales*. Predomina lo que el sujeto cree y sabe sobre lo que es capaz de aprender.

Con un concepto similar a la enseñanza constructivista encontramos la *versión ecológica: la enseñanza como articulación de la experiencia extra e intra escolar*, donde la diferencia con ella reside en el énfasis que se produce sobre los aspectos ambientales, la relación del aula con la escuela y de esta misma con su contexto social y cultural. Por último, encontramos la *versión crítica: los procesos de enseñanza-aprendizaje como proceso de reconstrucción social y cultural*. Bajo este enfoque se pone en alza los valores que se transmiten y se clarifica las reglas con las que la escuela funciona. Su principal objetivo es paliar los efectos de la desigualdad y facilitar al aprendiz la construcción de sus conocimientos, actitudes y conducta, facilitando el proceso de socialización e interacción social creando agentes reflexivos y críticos.

Años después, Suárez *et al.* (2010) presentan cuatro categorías que guardan similitudes con propuestas presentadas por investigadores mencionados anteriormente: *estilo directivo*, este estilo centra sus bases en las tradicionales clases magistrales, donde la disciplina y el eje vertical sitúan al maestro en una posición principal y autoritaria frente al alumno pasivo que responde a las exigencias del docente. En este modelo de aprendizaje predomina el contenido y el maestro sobre el alumno. El *modelo tutorial* sitúa al docente en un segundo plano, como guía, facilitador y mediador de las tareas de enseñanza aprendizaje, siendo este encargado de dar respuesta a los intereses, necesidades e inquietudes que proponen los alumnos. De esta forma, el alumno forma parte activa de su propio proceso de aprendizaje y prepondera la concepción de aprendizaje por descubrimiento. El *estilo planificador* procura una mayor calidad de aprendizaje por parte de los alumnos, dado que el docente es el encargado de propiciar una gran diversidad de estrategias y actividades tomando en cuenta la diversidad del aula y fomentando la evaluación del proceso donde el alumno responde y es activo en todo momento. Por último, presenta el *estilo investigativo*, centrando el foco en la interdisciplinariedad y orientando la educación para generar nuevos problemas científicos como clave para el desarrollo del conocimiento y del aprendizaje, siendo el alumno agente activo en este proceso.

Loya (2008) hace referencia a una clasificación donde se exponen siete modelos de enseñanza pedagógica: modelo de adquisición académica, de eficacia social, naturalista, centrado en el proceso, crítico, reconstruccionista social y modelo situacional. Siguiendo las consideraciones de Viñoles (2013) y realizando un análisis más detallado, los modelos más representativos del sistema educativo son los siguientes:

El *modelo tradicional*, centrado en una perspectiva academicista, sitúa al docente como transmisor cultural, de saberes cultos y clásicos con habilidades en la lectura escritura y el cálculo matemático. Su metodología se sitúa en principios eclesiásticos, de carácter rígido y poco dinámico, sin atender a procesos innovadores en el aula, se traza una relación vertical con el alumno donde prepondera la palabra del docente y el estudiante solo recibe el conocimiento que éste le propone. El eje fundamental de los procesos de enseñanza aprendizaje se sitúan en torno al docente. Este modelo pedagógico tiene una evaluación de carácter cuantitativo y final, donde el estudiante presenta un carácter pasivo, dominado y sin posibilidad de participación en su propio proceso de aprendizaje. Este enfoque de la enseñanza tiene un impacto significativo en aspectos económicos y sociales, presentando como objetivo contribuir a la producción de individuos sumisos, capaces de mantener el orden social.

Con aspectos contrarios a este modelo surge el estilo o *modelo naturalista*, el cual pone énfasis en la experiencia como base del conocimiento. El alumno tiene la posibilidad de desarrollar su identidad, sus cualidades, capacidades y habilidades individuales atendiendo a las vivencias del niño como base de su propio constructo teórico. El papel del docente lo sitúa como guía o auxiliar en el proceso de aprendizaje del alumno. Autores como Rousseau, Ausubel y Vygotski son representativos de este modelo flexible, quienes sostienen que el ser humano se encuentra en continua interacción con el ambiente, situando las experiencias y los valores humanos parte fundamental del constructo de conocimientos en el alumno. Este modelo pone en alza el concepto de auto evaluación y, situando al alumno capaz de analizar, valorizar y tomar decisiones, presentando así un papel activo en su aprendizaje. Este modelo pedagógico ancla el desarrollo del currículum al contexto social, económico y político en el que se desarrolla. Con ello cambió la concepción de educación poniendo el foco del aprendizaje en el individuo que aprende y presentando así cambios en los paradigmas de la educación.

Posteriormente han tenido lugar otras clasificaciones más actuales, como las que proponen Moreno, Molina y Chacón (2014), quienes diferencian 5 estilos pedagógicos del docente, realizando una adaptación de Suárez *et al.* (2010), y sobre los que vamos a centrar nuestro foco de análisis atendiendo a las características que reafirman cada uno de estos modelos.

Dicha clasificación recoge el *estilo directivo* con indicadores como mantener la disciplina, el orden y el silencio en clase, utilizar como estrategia de enseñanza la clase magistral, cerciorar que los estudiantes presten atención y tomen apuntes durante la clase., impone a sus estudiantes su forma de pensar, prescindir de espacios de participación y discusión que permitan la interacción docente-estudiante y percibir en los estudiantes temor de preguntar y participar en clase.

El *estilo planificador*, cuyos indicadores pretenden comprobar si se entrega con anticipación la guía de aprendizaje a desarrollar durante el semestre, la evaluación y realimentación permanentemente el proceso de aprendizaje, la entrega oportunamente el material de apoyo para el desarrollo de las actividades académicas, dar a conocer con antelación las formas de evaluación del proceso de aprendizaje, si se apoyan en diversas estrategias metodológicas para garantizar el éxito académico del estudiante y comprobar si se induce al estudiante a planear y preparar con tiempo sus actividades académicas.

Los indicadores del *estilo investigativo*, valorar si la enseñanza se centra en el enfoque investigativo e interdisciplinario, incentiva a los estudiantes a pensar de manera crítica frente a la evolución de la ciencia, propone situaciones problemáticas que lleven a los estudiantes a la búsqueda de soluciones con una mirada reflexiva-activa, genera en sus estudiantes cuestionamientos sobre diversas problemáticas percibidas en su contexto, invitándolos a buscar posibles soluciones, lleva al estudiante a aportar, crear, e innovar desde la teoría al contexto real, y la orientación de los estudiantes a visibilizar las posibles problemáticas reales, enfrentándolo a la verificación metodológica de la misma.

El *estilo tutorial*, cuyos indicadores se centran en respetar los ritmos de aprendizaje de cada uno de los estudiantes, promover el desarrollo de proyectos personalizados de trabajo, responder a los intereses y necesidades de los estudiantes, orientar, facilitar y promover el aprendizaje autónomo y colaborativo, acompañar permanentemente los procesos de aprendizaje, realimentando los conocimientos y evaluar constantemente los procesos de perfeccionamiento y madurez del conocimiento.

El *estilo integrador* valora el uso de las TIC como herramienta facilitadora del aprendizaje de sus estudiantes, si se proponen estrategias pedagógicas derivadas de la evolución y desarrollo de las TIC, el papel del docente como un mediador, guía y orientador del conocimiento, si se atiende a la flexibilidad del currículo a través de los procesos investigativos y la contribución a que el estudiante sea un constructor de nuevos conocimientos a partir de elementos innovadores, creativos e investigativos.

Esta última categorización de los EEP es la base de una de las pesquisas que realizamos en esta investigación. La intención es conocer los EEP que actualmente destacan en la escuela sevillana, con la intención de identificar o crear un modelo que agrupe característico y propio de las enseñanzas de escuela sevillana en baile flamenco.

3. Metodología

La metodología utilizada para llevar a cabo esta investigación es mixta, con predominio cualitativo. Esta metodología se encuentra diferenciada por las diferentes fases que hemos ido desarrollando a lo largo de esta investigación, la cual nos ha permitido atender a un método mixto de investigación.

Esta investigación utiliza métodos cualitativos y cuantitativos. Esto nos permite hablar del enfoque multimétodo que permite la combinación entre técnicas cuantitativas y cualitativas con la intención de enriquecer un mismo diseño de investigación (Creswell y Plano Clark, 2011 y Paranhos *et al.*, 2016).

Lo fundamental para realizar un enfoque multimétodo consiste en dominar alguna de las técnicas cuantitativas y cualitativas que conforman el diseño de investigación (Paranhos *et al.*, 2016). Uno de los retos a los que se enfrentan las investigaciones mixtas es garantizar la unidad del diseño independientemente del modelo de análisis utilizado (Yin, 2006).

Autores como Hernández, Fernández y Baptista (2003) señalan que los métodos mixtos suponen la integración entre ambos enfoques, cuantitativo y cualitativo, combinados en el proceso de investigación y proporcionándole al estudio las ventajas de cada uno de los enfoques. Clarificando su uso, es necesario diferenciar dos tipos de diseños mixtos, como plantearon Bruke y Onwuegbuzie (2004), Onwuegbuzie y Leech (2006):

Modelo mixto: combinación de métodos cuantitativos y cualitativos en una misma etapa o fase de investigación.

Método mixto: uso de metodología cuantitativa y cualitativa sin coincidir ambas en una misma fase.

Los estudios fenomenológicos nacen como fuente contrapuesta al radicalismo objetivo, fundamentado en el estudio de las experiencias de vida y análisis de las perspectivas de los sujetos. Husserl (1998) presenta este paradigma con la intención de comprender la naturaleza y esencia del objeto de estudio con la intención de dotar de veracidad a los fenómenos. Este enfoque debe ser entendido como una disciplina filosófica (Aguirre y Jaramillo, 2012) cuyo objetivo es trascender e influir en el quehacer del hecho social.

Se busca la reflexión de los agentes educativos que, según Ayala (2008), permite llevar a cabo un análisis de los aspectos esenciales de las experiencias personales y labor profesional, otorgándole importancia y sentido a estos fenómenos.

Al interpretar los datos obtenidos del análisis experiencial de los fenómenos, podemos considerar este estudio propio de un paradigma fenomenológico interpretativo. (Tindall, 2009; Smith y Osborn, 2004; Eatough y Smith, 2008). En consecuencia, basamos el diseño de este estudio en lo expuesto por Heidegger, quien propone un giro hermenéutico a la fenomenología, específicamente en el campo de la educación (Bolívar, 2002). Incluso Heidegger (1962) ofrece un modelo de paradigma previamente basado en la conciencia, hacia la comprensión e interpretación de los hechos.

Para atender este paradigma de investigación, vamos a utilizar los estudios de caso múltiples, los cuales pueden ser abordados como parte integral de un enfoque, según Jiménez y Comet (2016), los estudios fenomenológicos «requieren estudiar en profundidad lo que sucede en un caso o varios casos, pero analizando cada caso en particular» (p. 4).

3.1. Selección de sujetos

Este estudio se centra en analizar las enseñanzas de escuela sevillana en las dos únicas docentes que actualmente permanecen en activo y cuentan con formación y experiencia artística en la materia estudiada. Con ello se afirma que contamos con la totalidad de la población objeto de estudio. Analizando el perfil docente de estas maestras y guardando la confidencialidad de su identidad, la *profesora A* imparte baile flamenco en el Conservatorio Profesional de Danza Antonio Ruiz Soler. Ha sido bailarina de alto prestigio destacando su participación en el Ballet Nacional de España y compañías de danza de renombre, sin olvidar su titulación como Doctora en Baile Flamenco.

La *profesora B* ha impartido docencia en numerosas instituciones autonómicas, nacionales e internacionales y cuenta con más de 30 años de experiencia docente. Actualmente su mayor dedicación es implantar este estilo de baile formando a docentes en activo de instituciones públicas y privadas con la intención de perpetuar la Escuela Sevillana de Baile Flamenco.

De forma directa, nuestro estudio se ha realizado en el Conservatorio Profesional de Danza de Sevilla y en los diferentes ámbitos privados como la Escuela de Danza Matilde Coral, el Centro Andaluz de Danza y el Festival Flamenco de Jerez de la Frontera, ambos espacios de máxima relevancia en la difusión del flamenco.

En diferentes periodos trimestrales, se ha acompañado a estas maestras en su actividad profesional docente, donde se realizan un cómputo aproximado de un año de observación con diferentes encuentros semanales, recogidos en 50 sesiones observadas.

3.2. Técnicas e instrumentos de recogida de datos

La intención de este estudio es adentrarnos en las aulas donde se pone en práctica la docencia de estas maestras y conocer los estilos de enseñanza que imperan en la actualidad, bien para conocer o para construir mediante la reinterpretación de los datos los aspectos que confluyen en este entorno de aprendizaje. Para ello, se han observado diferentes ámbitos públicos y privados durante 1 año, recogiendo cada semana un registro de categorías en torno a una escala diseñada para analizar los diferentes estilos de enseñanza pedagógicos.

Para diseñar el instrumento previo a la observación participante, hicimos un estudio en profundidad sobre las diferentes versiones de EEP recogidas en nuestra revisión de la literatura. Estos datos nos han permitido categorizar dichos estilos y recoger una serie de indicadores acordes a cada uno de ellos.

Apoyándonos en las categorías expuestas por autores como Moreno, Molina y Chacón (2014) y Suárez *et al.* (2010) sobre los Estilos de Enseñanza Pedagógicos, se realiza una escala de observación especificando los indicadores observables en cada EEP. Esta ha sido utilizada en cada acceso al campo, es decir, en cada clase en la que hemos aplicado la observación de forma sistematizada.

El registro se realiza en una escala estimativa o de apreciación, la cuál es comúnmente utilizada para evaluar las conductas, procesos o procedimientos observados. Estas escalas son utilizadas para medir más de dos variables en la observación y atender al grado de intensidad de la conducta, permitiendo la posibilidad de ser expresado de forma verbal, numérica y gráfica o descriptiva. Se diseña una escala numérica con la intención de recoger la intensidad de la conducta y el porcentaje de presencia de la conducta en el aula. Se registran 4 rangos de porcentajes en los que se observa o no la presencia del ítem evaluado: observado entre un 100 % y un 75 % de la docencia, observado entre un 75 % y un 50 % de la docencia, observado entre un 50 % y un 25 % de la docencia y observado entre un 25 % y un 0 % de la docencia. La escala cuenta con un total de 40 ítems entre los cuales cada ítem corresponde a un estilo de enseñanza pedagógico: Estilo Directivo (ítems del 1 al 11), Estilo Tutorial (ítems del 12 al 20), Estilo Planificador (ítems del 21 al 27), Estilo Integrativo (ítems del 28 al 33) y Estilo Investigativo (ítems del 34 al 40).

Para poder profundizar en el análisis de estos estilos de enseñanzas, se ha utilizado un segundo instrumento de análisis cualitativo que nos ha permitido recoger algunas explicaciones y análisis en profundidad de las situaciones observadas, el diario de campo.

Para analizar los datos de este estudio se ha utilizado un banco de datos diseñado en Microsoft Excel como base de nuestro análisis, el cual nos ha permitido diseñar gráficas comparativas sobre la presencia de un estilo de enseñanza u otro en función al grado de observación que se representa en un ámbito u otro (público o privado).

4. Resultados

Los resultados recogidos tras el análisis de la información nos permiten agrupar los datos en torno a una variable específica, los ámbitos de actuación públicos o privados.

Atendiendo al ámbito público, donde la mayoría de las observaciones se han realizado en 5º y 6º curso del Conservatorio Profesional de Danza de Sevilla, observamos que el estilo que prepondera con una frecuencia observada entre el 100 y 75 % de las veces es el estilo tutorial seguido del estilo planificador.

A su vez, observamos presencia de características propias del estilo directivo, como por ejemplo en el ítem 1 (mantiene la disciplina, el orden y el silencio en clase), ítem 3 (le agrada que los estudiantes presten atención y sigan sus indicaciones), donde se obtiene el 100 % de las conductas observadas.

En el ámbito privado, observamos algunas diferencias respecto al ámbito público. Principalmente se observa un incremento notable de la presencia del estilo tutorial y una disminución del estilo directivo y planificador. Esto último, contractado con las aportaciones recogidas en el diario de campo, se justifica por la ausencia de evaluación y programación de actividades que requieran hacer uso de estos aspectos.

La presencia de un estilo integrador o investigativo es muy escasa. En el estilo directivo, se observan con un alto grado de frecuencia (100 %-75 % de las clases observadas) los ítems 1 y 3, aunque el ítem 1 en menor porcentaje que en el ámbito público. El estilo tutorial es predominante. Esto se observa en el grado de frecuencia en que se han observado en la totalidad de las sesiones los ítems 12 (responde de manera individual y personalizada a los intereses del alumno.), ítem 13 (respeta los ritmos de aprendizaje de cada uno de los estudiantes), ítem 14 (sabe escuchar a los alumnos), ítem 19 (acompaña permanentemente los procesos de aprendizaje, realimentando los conocimientos) e ítem 20 (evalúa constantemente los procesos de perfeccionamiento y madurez del conocimiento).

Completamos esta información con las anotaciones recogidas en el diario de campo. Se observa que el ambiente de clase es dinámico y fluido y existe mucha cercanía entre el alumnado y la docente. La disposición en el espacio es muy dinámica. No permanecen siempre en la misma posición, sino que se interrelacionan con el docente, cambian el foco del aula y la docencia es muy participativa. Se observa que la estética del peinado y la indumentaria es de gran importancia, ya que todos los miembros respetan esos aspectos.

En cuanto a la planificación del aula, tanto en el ámbito público como privado, se observa una clase estructurada fija. En primer lugar, se realiza un calentamiento organizado articular, muscular, de forma tanto ascendente como descendente, con movimientos rotatorios y ejercitando la elasticidad muscular. En segundo lugar, se trabaja la parte técnica donde se focaliza el eje corporal mediante técnicas propias de la danza clásica (pliés, equilibrios) y seguidamente se realizan diferentes tipos de vueltas en función al contenido que posteriormente se practique en el aula. En tercer lugar, la técnica se focaliza en pies y complementos. Se realizan tablas donde se ejercite la mecánica de la técnica propia del zapateado del baile flamenco y se acompaña de diferentes complementos (castañuelas, bata de cola, mantón de manila, abanico, sombrero y bastón).

Para finalizar, tras poner en práctica el contenido más técnico, se procede a trabajar coreografía, lo cual suele estar relacionado con la base de calentamiento trabajada anteriormente. Es importante destacar que el trabajo coreográfico que se realiza permite al alumno mostrar su creatividad artística de forma libre, respetando únicamente aspectos técnicos básicos y promulgando la expresión de cada ser individual.

5. Conclusiones

Los estilos de enseñanza pedagógicos en la escuela sevillana de baile flamenco suponen un compendio de características que hacen de estas enseñanzas un estilo único y pedagógicamente integrador. Podemos afirmar que, en la actualidad, las enseñanzas de las escuelas públicas y privadas presentan estructuras pedagógicas similares, con la única diferenciación de sus planteamientos de evaluación formal, lo cual se refleja en la presencia o no de un estilo planificador. Esto se observa en el ámbito público, donde las docentes especifican con mayor énfasis los objetivos de trabajo y planificación de actividades necesarias para el curso académico.

A tal efecto resulta imprescindible la personalización de la enseñanza. Las docentes corrigen y dirigen el aprendizaje de forma individualizada. El objetivo de la enseñanza es extraer el potencial individual de cada alumno realizando aportaciones y correcciones que favorecen su individualidad como ser y personalización de su baile. Finalmente, se observan características muy relevantes en el perfil docente de estas maestras, destacando la escucha activa y la capacidad de empatía con su alumnado. A su vez, existe una flexibilidad que favorece el rendimiento del alumno buscando siempre la comodidad y la mejor metodología de desarrollo individual de cada ser.

Podemos concluir afirmando que la escuela sevillana tiene un estilo propio y sus características esenciales constituyen un modelo específico. Se presenta el modelo que denominamos *estilo de enseñanza propio del baile flamenco*, en el que se recogen los siguientes aspectos:

- Estructura de clase fija (calentamiento corporal estático, calentamiento corporal dinámico, calentamiento mediante uso de complementos, coreografía y expresión artística).
- Se mantiene el orden de clase, donde es importante que los alumnos presten atención a las explicaciones del docente.
- Se permiten los momentos de diálogo e interacción en el aula para que los estudiantes generen preguntas de la materia.

- Se practica una enseñanza individualizada donde se responden los intereses del alumno.
- El docente sabe escuchar de forma activa y respeta el ritmo de aprendizaje de cada alumno.
- El docente es un acompañante o guía del proceso de aprendizaje.
- La evaluación del proceso de aprendizaje es constante y procesual.
- Las metodologías docentes empleadas deben ser diversas para responder a los objetivos de cada alumno y apoyarlos en su proceso.
- Debe ofrecer un enfoque investigativo para conocer la realidad del aula.
- En caso de existir una evaluación programada, es importante ofrecer la planificación con anticipación, haciendo consciente al alumno de los procesos que debe realizar para garantizar su éxito.
- El docente debe llevar al alumno a innovar desde la teoría para extraer lo mejor de cada alumno.
- La estructura de clase debe ser fija y responder a: calentamiento (articular y muscular, estático y dinámico; técnica de pies, así como de los debidos complementos; coreografía y expresión artística para extraer las potencialidades del alumno).
- Se promulga la personalización de la enseñanza.
- Se debe fomentar en el aula la expresión artística y creativa donde los alumnos puedan desarrollar su sentir más allá de la técnica.
- El ambiente del aula debe ser cercano, utilizando diferentes posiciones entre el alumno y los docentes e interrelacionándose en el espacio.

Como colofón, resultan evidentes los múltiples aspectos pedagógicos que engloba la enseñanza del género flamenco, así como sus potencialidades educativas que aportan sus estilos de enseñanza propios. El flamenco socializa y, todo aquello que socializa, educa. Es una herramienta pedagógica con diversidad de uso en cuanto a metodologías didácticas que enriquecen los procesos de enseñanza y aprendizaje. Por ende, afirmamos que existen múltiples beneficios que aporta la inclusión de este género musical en el currículum escolar, con lo que resulta imprescindible apoyar la puesta en vigor de la nueva Ley 4/2023 Andaluza de flamenco, donde se pretende extraer el potencial cultural y educativo del flamenco como patrimonio histórico-andaluz.

Agradecimientos/apoyos

Queremos expresar nuestro más sincero agradecimiento a las maestras de escuela sevillana como participantes indispensables en este estudio. También quisiéramos agradecer al Conservatorio Profesional de Danza de Sevilla por su permiso para acceder a las aulas, permitiendo así que sea posible realizar esta investigación.

Referencias

Aguirre-García, J. C., y Jaramillo-Echeverri, L. G. (2013). Tesis de la carga teórica de la observación y constructivismo. *Cinta de Moebio, 47,* 74-82. http://dx.doi.org/10.4067/S0717-554X2013000200002

Ayala Carbajo, R. (2008). La metodología fenomenológica-hermenéutica de M. Van Manen en el campo de la investigación educativa. Posibilidades y primeras experiencias. *Revista de investigación Educativa, 26*(2), 409-430. https://revistas.um.es/rie/article/view/94001

Badiou, A. (1972). *El concepto de Modelo. Bases para una Epistemología Materialista de las Matemáticas.* Editorial Siglo XXI.

Bolívar Botía, A. (2002). «¿De nobis ipsis silemus?»: Epistemología de la investigación biográfico-narrativa en educación. *Revista Electrónica de Investigación Educativa, 4*(1), 1-26. http://redie.uabc.mx/redie/article/viewFile/49/91

Bruke Johnson, R. y Onwuegbuzie, A. J. (2004). Mixed Methods Research: A Research Paradigm Whose Time Has Come. *Educational Researcher, 33*(7), 14-26. http://edr.sagepub.com/cgi/content/abstract/33/7/14Correa Mosquera, D., y Pérez Piñón, F. A. (2022). Los modelos pedagógicos: trayectos históricos. *Debates por la Historia, 10*(2), 125-154. https://doi.org/10.54167/debates-por-la-historia.v10i2.860

Creswell, J. W. y Plano Clark, V. L. (2011). *Designing and conducting mixed methods research.* SAGE Publications.

De León, I. J. (2005). Los estilos de enseñanza pedagógicos: Una propuesta de criterios para su determinación. *Revista de Investigación, 57,* 69-98.

Díaz Barriga, F. y Hernández Rojas, G. (1999). *Estrategias Docentes para un Aprendizaje Significativo. Una interpretación constructivista.* (3ª ed.) McGraw-Hill/Interamericana.

Eatough, V. y Smith, J. A. (2008). Interpretative Phenomenological Analysis. In C. Willig (Ed.), *The SAGE Handbook of Qualitative Research in Psychology* (pp. 179-194). SAGE Publications Ltd. https://doi.org/10.4135/9781848607927.n11

Escudero Muñoz, J. (1981). *Modelos didácticos.* Oikos-Tau.

Estebaranz García, A. (1999). *Didáctica e innovación curricular.* Universidad de Sevilla.

Guerrero, B. (1988). *Estilos de enseñanza y formación profesional docente en educación superior en Venezuela. El Estilo de enseñanza de docentes en institutos y colegios universitarios.* Colegio Universitario de Los Teques.

Heidegger, M. (1962). *Being and time.* Harper.

Hernández, R. Fernández, C. y Baptista, P. (2003). *Metodología de la investigación* (3ª ed.). McGraw-Hill.

Husserl, E. (1998). *Invitación a la fenomenología.* Paidós.

Jiménez Chaves, V. E. y Comet Weiler, C. (2016). Los estudios de casos como enfoque metodológico. *ACADEMO Revista De Investigación En Ciencias Sociales Y Humanidades, 3*(2). https://revistacientifica.uamericana.edu.py/index.php/academo/article/view/54

Loya Chávez, H. (2008). Los modelos pedagógicos en la formación de profesores. *Revista Iberoamericana De Educación, 46*(3), 1-8. https://doi.org/10.35362/rie4631996

Moreno, C., Molina, Y. y Chacón, J. A. (2014). Impacto del estilo pedagógico integrador en los estudiantes de licenciatura en educación básica de la facultad de estudios a distancia. *Formación universitaria*, 7(6), 37-44. https://dx.doi.org/10.4067/S0718-50062014000600005

Onwuegbuzie, A. J. y Leech, N. L. (2006). Linking Research Questions to Mixed Methods Data Analysis Procedures 1. *The Qualitative Report*, 11(3), 474-498. https://doi.org/10.46743/2160-3715/2006.1663

Paranhos, R., Figueiredo Filho, D. B., Rocha, E. C., da Silva Júnior, J. A. D. y Freitas, D. (2016). Una introducción a los métodos mixtos. *Sociologías*, 18(42), 384-411. https://doi.org/10.1590/15174522-018004221

Rendón, M. A. (2013). Hacia una conceptualización de los estilos de enseñanza. *Revista Colombiana de Educación*, (64), 175-195. http://www.scielo.org.co/scielo.php?script=sci_arttext&pid=S0120-39162013000100008&lng=en&tlng=es

Smith, J. A. y Osborn, M. (2004). Interpretative Phenomenological Analysis. In G. M. Breakwell (Ed.), Doing Social Psychology Research (pp. 229-254). The British Psychological Society and Blackwell Publishing Ltd. https://doi.org/10.1002/9780470776278.ch10

Suárez Mantilla, C. C., Elías Burgos, C., Constanza Corredor, M., Molina Bernal, I. A., Rueda García, A. M., Duitama Ochoa, C. F., Casallas Moya, A. del P., Díaz Devia, D. M. y Martínez Díaz, A. C. (2010). *Los estilos pedagógicos y su impacto en el aprendizaje de los alumnos*. Fondo de Publicaciones Universidad Sergio Arboleda.

Tindall, L. y J. A. Smith, P. Flower and M. Larkin (2009). Interpretative phenomenological analysis: Theory, method and research. *Qualitative Research in Psychology*, 6(4), 346-347. https://doi.org/10.1080/14780880903340091

Viñoles, M. A. (2013). Conductismo y constructivismo: modelos pedagógicos con argumentos en la educación comparada. *Revista Electrónica de Ciencias Sociales y Educación* 2(3), 7-20. https://es.scribd.com/document/480515378/Conductismo-y-constructivismo-modelos-pedagogicos-con-argumentos-en-la-educacion-comparada

Yin, R. K. (2006). *Estudio de caso: planificación y métodos*. (3ª ed.) Bookman.

Lancôme, el Louvre y una campaña publicitaria: reflexiones sobre la belleza desde la estética, la semiótica y la historia del arte

Javier González Torres

Universidad de Málaga (España)

Abstract: September 2023 sees the premiere of the *Lancôme x Louvre* advertising campaign, the result of an exceptional collaboration between the renowned French cosmetics company and the world's most visited museum. The audiovisual product produced by the creative studio Publicis Luxe is an aesthetic exercise that links a series of sculptural works in the museum's collection with the presence of four prominent contemporary personalities. This similarity is established in two ways: the first, conceptual, between the sense of beauty in the past and today; the second, more commercial, through the application of a palette of eyeshadows, four lipsticks and a serum with a revitalising effect that acts as a base for make-up. This essay analyses whether beauty is, in fact, a living art, as the spot and the series of photographs distributed in the media and social networks try to show. To do so, it argues basic principles of Aesthetics, Semiotics and Art History, raising a series of questions that will lead to a wide-ranging debate.

Keywords: Beauty, Cosmetics Advertisements, Iconography, Feminity, Visual Culture.

1. Introducción

Lancôme, en colaboración con el museo del Louvre, lanza en septiembre de 2023 la campaña *Beauty is a living art* en la que publicita la edición limitada de una paleta de cinco sombras, cuatro barras labiales y un *serum* revitalizante a través de tres conceptos: historia, arte y belleza.

Lisa Eldrige, directora creativa global, explica que las tonalidades evocan sobre la piel femenina la impronta de «icónicas» esculturas de la colección parisina. El pretendido paralelismo cobra carta de presentación a través de un spot publicitario y una sesión fotográfica protagonizadas por Zendaya (Oakland, California, EE.UU., 1996), Aya Nakamura (Bamako, Mali, 1995), Amanda Seyfried (Allentown, Pensilvania, EE.UU., 1985) y He Cong (Changsha, China, 1995).

2. Objetivos y metodología

A lo largo de este estudio pretendemos analizar cuantas cuestiones argumentales se encuentran presentes en la génesis, construcción y presentación de esta operación comercial. Al utilizarse una progresión conceptual del arte, entendiendo que se trata de un eón atemporal capaz de traspasar períodos históricos para perpetuarse en una línea que conecta tiempos distantes, se precisa emplear un criterio analítico transversal. Este se basará en aspectos nodales de la estética, la semiótica y la historia del arte, desdeñándose los réditos económicos, ajenos a este trabajo.

3. Lo bello, ayer y hoy.
Hacia un estado de la cuestión

3.1. El mundo clásico

Un axioma aceptado por la historiografía expone que el concepto de belleza en la antigua Grecia quedaba ligado a cuestiones filosóficas (Tatarkiewicz, 1991). Platón argumentaba en *El Banquete* que el reflejo prístino del alma y de las ideas eternas se visualizaba en las formas externas, físicas, que, a su vez, suponían un trasunto de la verdad. Sobre la relación con la ética y la moral, Aristóteles proponía en *Ética a Nicómaco* la interconexión de lo bello hacia la armonía y la proporción naturales. Sería Plotino el que entendería el referido concepto como manifestación directa de una realidad suprema, a la que replicaría materialmente en el mundo sensible bajo criterios de perfección. Y, en un desarrollo aún mayor, Heráclito abundaría en una perspectiva apreciativa de lo natural que devendría incluso de una dinámica cósmica.

A pesar de emplearse criterios diferenciadores, los autores citados y otros convendrían en anclar lo bello a una ontología trascendente. Y, en este sentido, su representación visual se integraría de manera natural en cualquier expresión cultural. En tal configuración común, la armonía, la proporción y la perfección estética serían «bellas». Así, la búsqueda de ese ideal lleva a Fidias, en primer lugar, y a Praxíteles, posteriormente, a materializar la proporción del cuerpo humano —en deidades, héroes o atletas— siguiendo un *kanon* matemático que capta anatomías sensoriales perfectas. Un aspecto que, a su vez, también tendría su propia trasposición en la arquitectura puesto que los órdenes —dórico, jónico y corintio— son un reflejo equilibrado del universo.

La vida cotidiana es un trasunto de esta misma percepción: la vestimenta o la higiene personal fijan criterios empíricos de elegancia y distinción. La celebración de los Juegos olímpicos, seguidos por un público diverso, también contenían interesantes condicionantes para la captación de lo bello, pues las victorias se logran por la combinación de rendimiento deportivo, apariencia física y construcción gestual. Una constante que era a su vez reflejo de las narraciones literarias épicas, conocidas por amplios segmentos sociales, en las que las hazañas heroicas devenían de la aplicación de ideales eternos.

En cualquier caso y a pesar de existir una línea clara en la antigüedad griega, deben diferenciarse las evoluciones experimentadas por el concepto de la belleza en las etapas en las que tradicionalmente se divide este amplio período histórico. Al respecto es esencial comprender cómo, desde la época arcaica (siglos VIII-V a.C.), la cultura y el pensamiento quedan permeados por la percepción de lo bello a través de cuestiones relacionadas con la cosmogonía y la teogonía, ya que los orígenes del mundo imponen una pauta de comportamiento tendente a la imitación de realidades suprasensibles. Será en el período clásico (siglo V a.C.) en el que se haga especial énfasis en la proporcionalidad armónica como medio para concretar un ideal bello que, a su vez, vivirá una exponencial evolución hacia lo expresivo en el ciclo helenístico (siglo IV-I a.C.), abriéndose así camino hacia la individualidad, la emoción y la matización de los rasgos físico-mentales. Belleza, ética y felicidad configurarán una particular triada filosófica a la que, de una parte, tendencias platónicas y aristotélicas y, de otra, epicúreas y estoicas, tenderán a conectar en un amplio debate basado en la virtud; es decir que, para alcanzar una vida plena —la *eudaimonía* aristotélica— se deben aplicar criterios de la hermosura.

3.2. El mundo actual

Complejidades y diversidades dificultan una aproximación de conjunto. La dispar evolución tecnológica, la fluctuación de conductas sociales, las desigualdades económicas o la propia globalización conducen a una apreciación flexible de estándares. La toma en consideración de características étnicas o físicas confieren una multiplicidad de apreciaciones que pueden seguirse a través de los medios de comunicación, las redes sociales y la publicidad. Estas plataformas ejercen de manera poderosa una fuerte influencia en la opinión pública, siendo capaces de condicionar la percepción individual de lo bello por su naturaleza líquida (Bauman, 2000).

En contraposición a aquel ideal seguido en el mundo clásico, la sociedad contemporánea, hipertecnologizada y transhumanizada, tiende hacia una valorización de lo genuino, apostando por la pluralidad de apariencias para sublevarse frente a modelos unívocos. Bajo criterios de inclusividad, las representaciones tienden a mostrar variedades de cuerpos, colores de piel, edades, géneros e identidades, redefiniéndose los parámetros conceptuales de una belleza heterogénea. En este sentido, se ha avanzado de manera considerable en aceptar que el físico es amplio en sus formas pues, frente aquella virtud helénica, hoy es día es más usual el enfoque interior: la personalidad, la inteligencia emocional o la autenticidad irradian belleza.

Sin embargo, esa percepción está mediatizada por las propias subjetividades, los contextos particulares y la saturación de imágenes. Naomi Wolf (1991) culpa a la moda y a los medios de imponer estándares escasamente realistas, causando daños severos a la autoestima de las mujeres. Desórdenes alimenticios, obsesión por los retoques derivados de la cirugía plástica o una débil salud mental pueden estar detrás de numerosas 'subvidas' en las que la libertad femenina se anula en pro de una dictadura en la que el terror por el envejecimiento anuncie, también, la pérdida de control del sujeto sobre sí mismo.

Siguiendo el consenso generalizado que despierta en la crítica especializada la opinión de esta autora norteamericana, la belleza, hoy, es cambiaria; no responde a ideales platónicos ni presenta una función evolutiva, biológica, sexual, íntima o religiosa (Wolf, 1991, p. 12-15). La fluctuación del mito desde las religiones matriarcales mediterráneas anteriores a las civilizaciones fluviales hasta nuestros días, confieren a cuestiones económico-políticas, emocionales y de ejercicio de poder institucional la clave interpretativa del concepto. Dependiendo de quien los ejerzan y de su capacidad de imposición, los efectos que causarán serán más o menos lesivos.

Las dietas-milagro, la pornografía o las industrias de la cosmética y de la cirugía estética mueven cada año cantidades desorbitadas de dinero. La manipulación consciente de estándares de belleza que cada empresa ligada a estos sectores realiza crea un estado de ansiedad permanente que tiende a eufemismos físicos e irreales, censurando las identidades de género. En definitiva, la construcción de esa ficción ha anidado en la cultura de una manera masiva a modo de ilusión colectiva, destruyendo cuantiosas vidas; y, en el mejor de los casos, subsumiendo voluntades, provocando inseguridades, imponiendo criterios imposibles y ejerciendo presiones constantes. El antídoto frente a ello está, quizá, desde la feminidad, en ejercer una renovada forma de ver.

4. Abordaje analítico de la campaña publicitaria

En la esperanza de encontrar lo bello en el mundo actual, Hickey (1993) argumenta en clave pop que su rastro puede aparecer en un lugar inesperado; sería una antinomia de naturaleza subversiva, ambivalente y perturbadora que une lo seductor a lo monstruoso o, también, lo perverso a lo admirable, lo repulsivo a lo sorprendente. Juegos duales que incluso recrean en la actualidad el mito de Eros y Thánatos. Y, en ese sentido, las personas han de confiar en sus propias percepciones, con independencia de su formación, para no depender de la opinión experta de otras, haciendo frente a las imposiciones restrictivas. Se trataría pues de subjetivizar al máximo el enfoque apreciativo que podría caer, eso sí, en la falta de profundidad analítica debida a la sobrevaloración de la dimensión visual y estética individual.

Por lo tanto, la belleza actual es ante todo un valor propio de la vida humana dotado de un amplio sentido experiencial. Si durante las Vanguardias históricas sufrió la indomable actuación de quienes, por oposición, apostaron por la derogación de los convencionalismos heredados en torno a la creación artística —conceptuales, formales, técnicos . . . —, a finales del siglo XX podría fecharse un proceso contrario: el de la 'rehabilitación' del término y sus vehículos expresivos.

Uno de los teóricos que analizan tal «contraofensiva» es Arthur C. Danto (2005), quien afirma que es una constante que, de no existir, haría la vida completamente insoportable, de la misma manera que ocurriría si se aniquilase la bondad. En términos morales, siguiendo aquella bifurcación conceptual categorizada por Hegel respecto a los tipos —interno y externo— que presenta lo bello, se apostaría por reforzar su significado más intrínseco: una categoría filosófica —nada formal— en la que el pensamiento prima sobre el sentimiento y en donde la «corrección» de por sí supone el marchamo de calidad adecuado por encima de cuestiones simbólicas, plásticas, visuales o políticas. Y es desde este punto de vista desde donde la belleza —que no puede volver a ser lo que históricamente fue— reconciliaría al ser humano con el mundo, desligándose del gusto para, así, servir de gozne entre arte, vida, verdad y bondad.

Resonarían en esa tetrarquía de términos ecos de Platón, Tomás de Aquino, Rousseau y Muratori en cuanto a la valoración global ética, estética y moralmente adecuada, proyectándose así un arco temporal que abarcaría desde la antigüedad socrática hasta la actualidad. Sin esa concreción provechosa o necesidad palmaria, la humanidad caería en un desierto espiritual en el que, como afirma Scruton (2009), tampoco tendrían sentido valores tales como el amor y la amistad. Al perderse en cierto modo la fe en lo bello —entendido desde lo idílico—, se precisa centrar su «utilidad» en convertirla en herramienta que apacigüe la convivencia desde un sentido redentor.

De ahí que los condicionantes procedentes del mercado, el universo amplio de las modas, el seguimiento masivo de tendencias o el éxito individual no pueden marcar en exclusiva aquello que es bello; o que, por el contrario, deja de serlo. La naturaleza racional de la persona está habilitada *per se* para dudar de tales «imposiciones» habida cuenta de su valor autónomo. Por lo tanto, sería absolutamente inmoral dejar pasar cualquier posibilidad de transformar la fealdad en un trasunto bello —como en ocasiones puede llegar a hacer el arte de la postmodernidad—, borrando así, según el filósofo inglés, cualquier acercamiento al conocimiento.

En ese «retorno» a la esencialidad, el carácter taumatúrgico de la belleza adquiriría un matiz atemporal, actuando cual antídoto frente al caos, el desorden o el sufrimiento. Su búsqueda ha sido ampliamente debatida en la actualidad desde múltiples posicionamientos —véase por ejemplo el «reencuentro» consigo mismo de Jep Gambardella, el taciturno personaje de Paolo Sorrentino, en *La grande bellezza* (2013)—. En esa expansión poética, la diversidad de lenguajes —en especial, los más mediáticos— y la adaptabilidad con la que cada mente productiva hace uso de ella, conducen a la concreción de proyectos versátiles y mutantes; antikantianos por cuanto desdeñan formalismos para abrazar la libertad creativa que asocia lo bello a otros valores antónimos o complementarios (Castro, Herranz y Pastor, 2014).

Teniendo en cuenta estos principios, expuestos de manera sucinta, volvamos al planteamiento inicial de la campaña de Lancôme: ¿Es, en efecto, la belleza un arte vivo? La pregunta puede reinterpretarse de maneras diferentes, aunque, cierto es, sean los aspectos estéticos, semióticos e iconográficos los que más nos interesen. Dutton (2010) conviene en aplicar un efecto evolutivo al concepto en sí en aplicación de las teorías darwinistas —desarrolladas por autores posteriores—, haciendo del naturalismo la explicación adecuada para entender cómo el juicio del gusto y la experiencia perceptiva han ido adaptándose en función de los tiempos. Sin embargo, ese carácter también es ampliamente criticado por otras firmas que, como Pinker (1997), entienden el arte como un *sprandel*, un subproducto fenotípico desprovisto de todo valor flexible y dotado de cualidades secundarias. En cualquier caso, la confrontación no excluye una cuestión nodal: cualquier vivencia estética queda unida a implicaciones éticas, de la misma manera que la contemplación de lo que cada persona considera como «bello» se relaciona con constantes morales derivadas del ámbito de la creación artística (Schellekens, 2007). Y a su vez, tales cuestiones, en la era actual, están mediadas por la representación visual.

Al respecto, la contundente sentencia de Berger (2008) mediante la cual argumenta que el sentido de la vista se sitúa un escalón por encima de la comprensión lectora es perfectamente aplicable a la publicidad. El bombardeo continuado que percibimos a partir de múltiples canales fomenta la creencia en el público de alcanzar una felicidad que deviene de la adquisición de un producto; este, a su vez, podrá convertirse en la envidia de otras personas que, absortas frente a tal exhibición, terminarán cayendo en las redes consumistas. Resonaría de nuevo aquel axioma popular del «eres lo que tienes» gracias a la acción de una publicidad creíble que hace de la técnica su modo de expresión más adecuada. Su meta sería la de ofrecer a través de lo representado la posibilidad de alcanzar cotas de superación personal, enfatizando un relato mediático en términos de fantasía.

Ese mundo proyectado influye poderosamente en el comportamiento social. Mirzoeff (2015) explora la relación entre la propia cultura visual y los cambios que se producen en esta, puesto que la manera en la que nos acercamos a la comprensión del mundo es propia de contextos que afectan a la toma de decisiones. De ahí que quienes congenian las campañas publicitarias experimenten con relatos haciendo uso de la psicología cognitiva, el diseño de los productos y la forma en la que estos llegan al público objetivo a través de su imagen.

De ahí que, centrándonos en Lancôme, la idea radique en el envoltorio teórico bajo el cual pretende comercializar sus mercancías. Esto es, teniendo presente que el producto audiovisual creado —spot y sesión fotográfica— ha de ser fácilmente comprensible, se convertiría en una *affordances*, en palabras de Norman (2002), una acción en la que las señales visuales explicitan el sentido esencial de los elementos mostrados, vinculando estos, además, a un proceso evolutivo concreto —el lema elegido para la campaña no resulta, por tanto, baladí—. El impacto emocional vendría dado tanto por la relevancia de la empresa cosmética —suficientemente avalada por su propia historia, iniciada en 1935 de la mano de Armand Petitjean y Guillaume d'Ornano—, como, también, de la experiencia emocional del montaje audiovisual —con la aparición de protagonistas animadas e inanimadas— y del papel que juega la efectividad del diseño exclusivo de las sombras, los lápices de labios y el *serum* revitalizante.

Basta señalar proyectos anteriores para entender que esa idea de conjunto armónico entre psicología, *marketing*, diseño y agradabilidad subyace en la marca: lo bello y lo eterno enraizado en la vida. Por ejemplo, a finales de verano de 2012 se lanza el perfume *La vie est belle*. Amparándose en cuestiones relativas a la autorrealización y a la libertad femenina, la fragancia proporcionaría —supuestamente— una capacidad extra de empoderamiento. El elixir es fruto de la colaboración entre tres perfumistas —Olivier Polge, Dominique Ropio y Anne Flipo— que, tras tres años de trabajo, consiguen elaborar un producto en el que olfativamente descuellan notas de Iris Pallida —un preciado ingrediente tamizado por otras materias nobles—. A su vez, el frasco en que se comercializa se inspira en *Le sourire de cristal*, una creación no comercializada diseñada en 1949 por Georges Delhomme, a modo de encapsulado cuadrado cuya parte superior simula la curva de unos labios femeninos.

El producto, rotulado como el más representativo de la feminidad, es ampliamente difundido en al menos dos campañas distintas —la primera, coincidiendo con el lanzamiento y, la segunda, en 2016—, haciendo uso de la misma protagonista: Julia Roberts. La amplia expresión de satisfacción de la mujer, visible a través de la sonrisa de la actriz, resulta clave para los directores Tarsem Singh y James Gray, encargados, respectivamente, del rodaje de ambos spots. En estos resultan cardinales el contraste de luces, así como la propia ciudad de París y los ambientes festivos, dominados por la elegancia de quienes visten indumentarias lujosas; sin olvidar, además, la orquestación de la canción *Beautiful day*, de la banda belga Venus.

En el primero, nada más comenzar, una voz en *off* se pregunta sobre si en un mundo lleno de convencionalismos existe un camino alternativo, quedando sobreimpresionada la frase en la pantalla; en el segundo, no se entiende necesaria hacer la advertencia al configurarse como una continuación del anterior. En los dos, quien derriba materialmente esas ilusiones es la intérprete principal que, vestida de blanco —evocando su perfil de «novia de América»—, camina con determinación en un sentido opuesto a la quietud cuasi inerte de las masas. En la versión inicial y tras observar la situación, cae en la cuenta de que cada ser está anclado a algo; incluso ella misma es prisionera. Al mirarse al espejo, rompe sus ataduras —finas y delicadas, cual hilos brillantes—, subiendo unas escaleras que desembocan en un mirador en el que descuella, a lo lejos, la cúpula del *Hotel National des Invalides*. En la secuela siguiente, las secuencias confieren a la actriz una facultad sobrehumana: la de derribar muros con el impacto suave de su mano; así, va pasando de ambientes, a la par que caen cortinas de diamantes, hasta que, finalmente, accede a un jardín, enfrentándose en lontananza a una balconada desde la que se divisa la *Tour Eiffel*.

La estrategia de ventas de este perfume en concreto no queda solo circunscrita a ambos anuncios, pues cuenta con ramificaciones promocionales en función de la ampliación de la colección del perfume. Por ejemplo, las animaciones proyectadas en pantallas dispuestas en capitales mundiales a partir de 2021 y denominada *3D OOH*, presentado al menos tres versiones distintas en la que los elementos se repiten: el frasco irradiando una estela luminosa, París y Julia Roberts. Una combinación que parece convencer a la empresa cosmética al revisar, en la primavera de 2022, los anteriormente comentados spots en una readaptación más breve para publicitar, a su vez, la versión *Oui* de la fragancia. Bajo las notas de la canción *Diamonds*, de Josef Salvat, la actriz se adentra en una lámina de agua de la que brotan gotas de rocío. Las alusiones simbólicas al elemento en el que nace la vida y el que esta se renueva vuelven a aludir al sentido regenerativo, cuasi tántrico, del perfume en una ambientación fastuosa.

El último eslabón en esta concatenación de experiencias culmina, de momento, en el lanzamiento de la etiqueta *Iris Absolu*, en marzo de 2023. La actriz norteamericana comparte pantalla con otros conocidos rostros, a modo de «embajadoras mundiales» de la familia Lancôme. Amanda Seyfried, Hoyeong, Aya Nakamura, Isabella Rosselini, Zendaya, Penélope Cruz y Lilly Collins conforman un coro híbrido, pero nada plural —en cuanto a cuestiones culturales o étnicas se refiere— en la que cada una entona una parte de la conocida melodía *What a Wonderful World* que popularizara Louis Armstrong. La campaña se amplifica en el canal que la cosmética tiene en YouTube con entrevistas breves en las que cada celebridad expone su visión particular sobre dónde reside la belleza de la vida y la voluntad individual de superar cualquier reto vital con determinación, intuición, empatía, amor, libertad, sabiduría, felicidad y seguridad.

El vehículo publicitario escogido es reflejo de la filosofía propia de la marca. Apreciar la singularidad de la vida, encaminarse hacia la felicidad o liberarse de condicionantes que retardan el cumplimiento de objetivos personales son el *leitmotiv* de Lancôme; a ellos se une la defensa del cuidado personal y la transformación global dentro de un posicionamiento corporativo e identitario traducido en la comercialización de tratamientos dermocosméticos, maquillajes y fragancias. De ahí que, en cada estrategia y bajo el trasfondo de tales principios, se construya un relato específico, inelástico, que trata de «vender» experiencias únicas a través del *branding* emocional (Robinette, Brand y Lenz, 2001; Gobé, 2013). La plasmación material de esas vivencias se sitúa en un nivel superior al consumo de bienes concretos al facilitar a largo plazo un recuerdo duradero captado por los sentidos (Danzinger, 2005); la proyección por lo tanto de un estilo de vida tendente a la generación de deseos singulares y al crecimiento de la autoestima (Maslow, 1962), se convierten así en elementos diferenciales de la marca y sus productos.

Es obvio que una empresa que de por sí ya posee un prestigio internacional en el sector cuente, además, con las herramientas más actuales con tal de estimular a sus potenciales clientes. Al respecto, el neuromarketing es capaz de completar el diseño publicitario interpretando la relación de valores e imagen de marca con los deseos de su clientela haciendo uso de rostros conocidos (Schouten, Jansen y Verspaget, 2019). En el casting para elección de quienes intervendrán en la campaña resulta crucial la coherencia entre las vidas de aquellas que promocionarán los productos con la empresa cosmética en sí, otorgando una interrelación clave entre comportamientos individuales y cultura corporativa. En la búsqueda efectiva de un *engagement* que abarque segmentos etarios amplios, cada compañía tratará de mostrarse lo más actualizada posible, equilibrando la expresión comercial tradicional con aquellas herramientas innovadoras en materia de entretenimiento, responsabilidad social o sostenibilidad medioambiental.

En efecto, en la ideación de la campaña *Beauty is a living art* aparecen todas estas constantes, añadiéndose un plus diferenciador, tanto de otras anteriores como de la competencia: la consideración de lo artístico como hilo conductor para conectar la belleza idílica de tradición griega con los estereotipos femeninos actuales.

No es la primera vez que el museo del Louvre participa en iniciativas de empresas privadas. En 2021 firmó un convenio de colaboración con Samsung —de la misma manera que ya habían hecho con antelación la Tate Modern de Londres, el Hermitage de San Petersburgo o el Prado de Madrid, entre otros espacios museísticos— para mostrar en la serie de televisores *The Frame* cuarenta obras de arte de su colección y fotografías de sus instalaciones. En ese mismo año, permitió a Uniqlo UT el lanzamiento de una camiseta que reinterpretaba en clave bucólica el lienzo de *La belle jardinière* (1507), de Raffaello Sanzio. También, en octubre de 2022, lanzaba en Pinterest cinco vídeos en francés e inglés bajo el título *Una mirada al Louvre* en los que mostraban experiencias únicas vinculadas al establecimiento para potenciar las visitas.

Son conocidas además las apariciones puntuales de sus infraestructuras en secuencias de películas, como en la última de la secuela de *Wonder Woman* (2017), de Patty Jenkins. También en exitosas series, entre las que descuellan *L'art du crime* (AXN, 2017-2023) o *Lupin* (Netflix, 2021-2022). Aunque quizás mayor éxito mediático —rentabilizado incluso a posteriori con una maniobra de atracción de visitantes *ad hoc*— se deba a que sus salas sirvieron de escenario para el videoclip *Apeshit*, protagonizado por Beyoncé y Jay-Z e incluido en el álbum *Everything is love* (2018). El marcado carácter reivindicativo tanto de la letra como de la puesta en escena pivota sobre cinco conceptos: el poder, la etnia, el desafío cultural, el feminismo y el arte. En contraposición a los relatos históricos, la pareja —llamada *The Carters*— aprovecha para confrontar las citadas claves argumentales con conocidas obras de arte, proyectando sobre ellas una versión conceptual y reivindicativa de la vida.

Por lo tanto, la colaboración entre el museo y la conocida empresa cosmética es reflejo del interés de ambas instituciones por aprovechar el poder de comunicación de la publicidad y de ambas para, así, proyectarse sobre el público. En el comunicado de prensa emitido con ocasión del lanzamiento se califica este hecho como una cuestión sin precedentes, insistiendo en que la presencia de cuatro conocidas mujeres representa la 'belleza' del tiempo actual y que, además, sus personalidades reencarnan las características de atávicas esculturas existentes en la colección museística. También se recalca que la pinacoteca parisina ha sido desde su creación a finales del siglo XVIII un lugar de inspiración gracias a la exhibición de obras firmadas por reconocidas autorías.

Así lo narra la propia Lisa Eldridge que, sobrecogida por las leyendas que subyacen en ciertas obras helenísticas, ha creado una colección de maquillaje única. Argumenta que la elección de ciertas piezas supone un ejercicio de perspectiva histórica al confrontarlas con estándares contemporáneos. La búsqueda de la belleza a través del arte devendría en una constante atemporal, como ocurre en la actualidad: «la cultura pop, sus imágenes en movimiento, la publicidad y las redes sociales que impregnan nuestra vida cotidiana, se inspira a menudo en estas representaciones visuales intemporales» (Lancôme, 4 de septiembre de 2023). De ahí que, en su opinión, en las galerías del Louvre, existan esculturas fascinantes que permiten comprender cómo se interpretan, transforman y evolucionan los cánones de la belleza, permitiendo reescribir desde el presente una versión renovada de esta.

Por su parte, la historiadora del arte y presidenta-directora del museo, Laurence des Cars, refuerza tales intenciones al afirmar que lo bello en sí supone un ritual personal; una expresión propia que es capaz de trascender a las modas cambiantes. De ahí que la colaboración con la empresa cosmética suponga un testimonio palmario de esta convicción que, a su vez, enlaza con los objetivos que pretende alcanzar la pinacoteca. Enlazar los caminos de una marca francesa de casi 90 años de antigüedad con «el templo del arte» más visitado del mundo busca fomentar la búsqueda de lo bello en las mujeres de hoy basándose en la herencia artística, celebrándose además la constante evolución natural del concepto.

En efecto, el trasfondo argumental que el estudio creativo Publicis Luxe va a utilizar en el spot y la sesión de fotografías se basa en las citadas premisas, uniendo la historia del arte al lujo y la sofisticación que pregona la marca de cosméticos. En su web se autodefinen como una entidad capacitada para construir relatos en un «viaje memorable» que culmine en el establecimiento de una relación duradera entre clientela y marca. En ese sentido, remarcan su habilidad para otorgar protagonismo al detalle —entendido de forma artesanal— en un ejercicio audiovisual planteado a gran escala. Para ello cuentan con un amplio equipo profesional que, desde París a Shanghái, une talentos para posicionarse como empresa pionera en la era del *marketing* de lujo. En ese sentido, reconocen que su trabajo favorece la continua conversación entre la herencia de épocas pasadas con ideas más innovadoras (Publicis de Luxe, s.f.).

Este trasfondo identitario convierte al estudio en testigo de la colaboración única establecida entre dos «iconos» franceses: el Louvre y

Lancôme. De hecho, definen su trabajo como un ejercicio de empoderamiento femenino a nivel mundial que «cautivará» a mujeres de épocas y culturas distintas a través de una historia compartida: un maquillaje entendido cual declaración artística al capturar la esencia de la belleza a través de la inspiración; esta deviene de la contemplación de la colección del museo parisino.

El protagonismo dado en el spot a Zendaya, Nakamura, Seyfried y Cong resulta clave. Se debe sin duda al paulatino abandono de aquellos modelos hegemónicos, vinculados históricamente a físicos, comportamientos y presencias determinados; frente a esta consideración, se busca un catálogo sociológico más amplio en el que la complexión corporal, la etnia, la diversidad cultural o el segmento etario no discrimine, sea divergente y puedan presentarse «bellezas» que van más allá de aquellas consideradas fenotípicas en publicidad. Cierto que el riesgo no es tan notable (Lorite García, 2017), debido a que el elenco escogido no representa a la diversidad mundial. No obstante, es un primer paso puesto que, la mayor parte de estos nombres citados, vienen colaborando con la firma cosmética desde tiempo atrás.

En este sentido, subsiste la intención de hacer visibles experiencias personales que sirvan de inspiración a otras personas. Así, los movimientos migratorios podría estar detrás de los perfiles de Zendaya —cuyo nombre deriva del shona, idioma nativo de Zimbabue, país natal de su padre, pero igualmente anclada a las raíces alemanas de su madre— y del de Nakamura —nacida en el seno de una familia de *griots* del África occidental—; los trastornos psíquicos que condicionan la salud mental tienen un reflejo en la fulgurante carrera interpretativa de Seyfried; o los avances experimentados en cuestiones de inclusión y aceptación de lo diverso convierten a Gong en exponente de lo alcanzado en el mundo del modelaje. De estos puntos de vista, la empresa proyecta su sensibilidad hacia este tipo de circunstancias, presentando a cuatro mujeres jóvenes —en el arco etario de los 25-40 años— que han aprovechado su presencia en medios y redes sociales para mostrar un encomiable afán de superación. El cine, la televisión, la música o la moda, sectores en donde estas ejercen sus profesiones, son espejos creíbles que favorecen junto a otros factores la identificación del público con esas protagonistas. Un uso que tiene un recorrido intenso a lo largo de la publicidad moderna y que queda asociado a la empresa de cosmética en sí (Belch y Belch, 2015).

5. Conclusiones

El lenguaje audiovisual sobre el que vertebra el spot —de 59 segundos de duración— y la sesión fotográfica pretenden convertirse en reflejo de estas cuestiones socio-identitarias, acercándose a su propio público objetivo desde la comprensión de intereses, necesidades y preocupaciones. Eso no significa que aún subsistan rasgos estereotipados, propios de épocas anteriores; sin embargo, son sublimados a partir del preciosismo de las imágenes.

De esta manera, el mensaje iconográfico que transmite Lancôme es contundente al hacer uso de espacios, elementos y objetos cargados de un alto valor simbólico. Las representaciones de *Diana de Gabios* (¿Praxíteles?, siglo IV a.C.), *Hygie de Tégée* (¿Scopas?, siglo IV a.C.), *Hermafrodito* (siglo II a.C.), *Venus de Milo* (siglo I a.C.), *Victoria de Samotracia* (siglo I a.C.), *Venus de Arlés* (siglo I a.C.), *Ninfa con escorpión* (Lorenzo Bartoloni, 1835) y *Corinne* (Edmé Gois, 1836) son el contrapunto para que las cuatro celebridades protagonistas contrasten sus presencias en un ejercicio relacional de concatenación atemporal. De una parte, las deidades marmóreas, sensuales, puras, naturales y marinas, protectoras del amor o de la higiene; de la otra, diversas personalidades triunfan cada una en sus carreras profesionales. A esa confrontación —que deriva en continuación— entre el pasado remoto y la actualidad contribuyen los trepidantes movimientos de cámara, el habilidoso empleo de las luces —con la natural en primer lugar—, el tratamiento cuasi cinematográfico de las secuencias, la combinación armónica de planos de distinto tipo y la reconversión del tema musical *Elijah* (2018) —de House of EL en colaboración con Laura Mvula y Jay Prince— en himno emotivo que ahonda en cuestiones de autodescubrimiento, perseverancia y deseos de superación a través de la fortaleza interior.

No obstante, las conclusiones que de este análisis se derivan plantean un interesante debate sobre el que ahondar a futuro. Los ambiciosos fines que persigue la empresa de cosmética, ¿se cumplen en la campaña o, simplemente, se reducen a una esteticista declaración de intenciones? En el desarrollo de tal argumentación habría que tener en cuenta, entre otras cuestiones, si el cambio de perspectiva temporal entre las esculturas seleccionadas —incluyendo dos piezas neoclásicas— y las mujeres actuales convertidas en protagonistas refuerza el sentido conceptual de la campaña. Para ello es necesario explicitar que la búsqueda de la belleza hoy —teniendo en cuenta que es una capacidad inherente a la aspiración de todo ser humano— diverge por entero de aquella otra, unívoca e idealizada, desarrollándose estereotipos diversos y naturales que reflejan con mayor precisión un amplio crisol sociológico. El poder de fascinación, seducción y encanto de las escenas editadas, puestas al servicio del *marketing* emocional, impactan premeditadamente en un público femenino concreto, provocando sentimientos encontrados entre el deseo y las circunstancias económicas. Un hecho que, desde la perspectiva de género, pondría en duda el empleo del maquillaje como complemento asociado a rutinas culturales que reforzarían la feminidad subvirtiendo incluso mediante una acción performativa determinados convencionalismos; o, también, cual tratamiento específico para la protección de la piel frente a la radiación y el bienestar personal.

Agradecimientos

Este estudio se enmarca en los objetivos generales del GPIE «Historia de la Cultura: claves para el análisis de estrategias de construcción y enseñanza de (meta)discursos y (meta)narrativas históricas», establecido en la Universidad de Málaga (UMA 22-049).

Referencias

Bauman, Z. (2000). *Liquid Modernity.* Polity.

Belch, G. E. y Belch, M. A. (2015). A content analysis study of the use of cele-brity endorsers in magazine advertisers. *International Journal of Adverti-sing, 32*(3), 369-389. https://doi.org/10.2501/IJA-32-3-369-389

Berger, J. (2008). *Ways of Seeing.* Penguin Books Ltd.

Castro Fernández, X. A., Herranz Pascual, Y. y Pastor Bravo, J. (2014). La Bella y la Bestia como poética en el arte contemporáneo. La belleza de lo espantoso: Hickey contra Kant. *Fabrikart* (11). https://ojs.ehu.eus/index.php/Fabrikart/article/view/12541

Danto, A. C. (2003). *The Abuse of Beauty. Aesthetics and the Concept of Art.* Open Court.

Danzinger, P. (2005). *Let Them Eat Cake: Marketing Luxury to the Masses - As well as the Classes.* Kaplan Business.

Dutton, D. (2008). *The Art Instinct. Beauty, pleasure and human evolution.* Bloomsbury.

Gobé, M. (2013). *Emotional Branding: The new paradigm for connecting brands to people.* Allworth Press.

Hickey, D. (1993). *The Invisible Dragon: Four Essays on Beauty.* University of Chicago Press.

Lancôme (4 de septiembre de 2023). *Exclusive collaboration Lancôme x Louvre - Beauty is a living art.* https://www.multivu.com/players/uk/9196351-lancome-x-louvre-museum-beauty-is-a-living-art/

Lorite García, N. (2017). Medios y diversidad cultural: escenarios comparati-vos en torno a la publicidad televisiva. *Temps d'Educació, 53,* 7-12.

Maslow, A. H. (1962). *Toward a Psychology of Being.* Van Nostrand.

Mirzoeff, N. (2015). *How to See the World.* Pelican.

Norman, D. A. (2002). *The Design of Everyday Things.* Basic Books.

Pinker, S. (1997). *How the mind works.* W. W. Norton & Co. Abstract.

Publicis de Luxe (s.f.). *We craft experiences that create emotion* https://www.publicisluxe.com/

Robinette, S., Brand, C. y Lenz, V. (2001). *Emotion Marketing. The Hallmark way of winning customers for life.* McGraw-Hill.

Schellekens, E. (2007). *Aesthetics and Morality.* Bloomsbury.

Schouten, A. P., Janssen, L. y Verspaget, M. (2019). Celebrity vs. Influencer endorsements in advertising: the role of identification, credibility and Product-Endorser fit. *International Journal of Advertising, 32*(2), 258-281. https://doi.org/10.1080/02650487.2019.1634898

Scruton (2009). *Beauty.* OUP Oxford.

Tatarkiewicz, W. (1991). *Historia de la estética.* Akal.

Wolf, N. (1991). *The Beauty Myth. How Images of Beauty are used against Women.* William Morraw and Co.

"El aula del futuro" as an example of innovative learning environment: practical aspects to consider at school level organisation

Amelia R. Granda-Piñán
Jacobo Roda-Segarra
Santiago Mengual-Andrés

University of València (Spain)

Abstract: This study introduces the Spanish "Aula del Futuro" project and examines its correlation with the European Future Classroom Lab project. It delves into a comprehensive analysis of the project's three distinctive dimensions: flexible learning spaces, student-centered pedagogical approaches and the integration of Information and Communication Technology. Moreover, literature review is conducted, encompassing articles investigating the perspectives of stakeholders engaged in various initiatives. Overall, these perspectives reveal a surge in student motivation, expanded possibilities for educators and a substantial contribution to the transformation of pedagogical elements associated with student-centered learning. Some risks are also identified. In conclusion, an organizational framework at the school level is proposed, involving a thorough review of essential school documents for planning an active learning project, along with additional considerations regarding organizational and managerial factors.

Keywords: Future Classroom, Innovative Learning Environment, Student-Centered Methodologies, Flexible Spaces, School Organisation, School Documents, Competencies, 21st Century Skills.

1. Introduction

The "Aula del Futuro" (AF) project is part of the European initiative known as Future Classroom Lab (FCL) launched in Brussels in 2012 by the European Schoolnet which, in turn, was one of the results of the Innovative Technologies for Participatory Classrooms (iTEC) project (García-Tudela *et al.*, 2021a). The FCL project forms a network in which fifteen countries participate under different nomenclatures (e.g. FCLab in Finland and Denmark, *Undervisningsverkstedet* in Norway or the AF itself in Spain), in which active learning and digital competence are promoted through specific spaces and resources (Tømte, & Lazareva, 2023).

From a broader perspective, these initiatives focus on exploring new learning methods in new learning environments (Sardinha *et al.*, 2017), all aligned with the experimental laboratory concept that is explicit in the project nomenclature itself.

Regardless of the adaptation that the FCL project has undergone in each of the countries, the same idea underlies all of them: redefining learning spaces through Information and Communication Technologies (ICT) and promoting a different way of acting in educational processes (García-Tudela *et al.*, 2023a), rethinking the teaching-learning processes and reflecting on the role played by pedagogy, ICT and the design of spaces (Gómez-García *et al.*, 2022).

Focusing on the implementation in Spain, the AF has been coordinated by the Instituto Nacional de Tecnologías Educativas y de Formación del Profesorado (INTEF) and, within the framework of the FCL network, consists of a proposal for an Innovative Learning Environment (ILE) that aims to encourage teachers to reflect on the idea of developing students' skills and competences in relation to the flexible use of spaces, student-centred methodologies and their use of ICT.

In the following sections these three fundamental axes around which the AF project revolves are described.

2. Flexible and versatile spaces as learning facilitators

As Martín-Lucas and Sánchez-Rojo (2022) argue, the materiality of teaching spaces is a crucial component in educational processes which, despite its scarce consideration and the fact that it is an under-researched topic (Ellis, & Goodyear, 2016), has a notable influence on teachers, although they are not usually aware of it. This influence affects not only teachers, but also students who, by "inhabiting" them and making them their own, turn these spaces into places, associating them with relational, historical or identity constructs, contrary to what happens in non-places (according to the concept coined by Marc Augé) (Martín-Lucas, & Sánchez-Rojo, 2022). Despite this lack of consideration, Gómez-García et al. (2022) state that one of the signs of identity of many educational centres is, at present, the transformation of educational spaces, which could be an indicator that there is a growing awareness of the importance of spaces used to educate.

In this sense, the AF responds to the educational problem of the obsolescence of learning spaces, whose design was never envisaged to promote meaningful and constructive learning (Caballero-García et al., 2022), in line with student-centred methodologies. To this end, the AF project is aligned with the FCL framework approach by proposing a separation of the space into six reconfigurable zones, such as exploration, interaction, creation, development, research and presentation. Students' movement between one zone or another can be random or planned (Tømte, & Lazareva, 2023), but ultimately depends on their interests and needs, so that the mere fact of being in one place or another implies conscious choices that place them at the centre of the learning process.

Tena and Carrera (2020) propose the dynamics that can be established in each of these six spaces, associating each of them to different stages within a project-based methodology. Thus, in the exploration area, students develop communicative competence by participating in a collaborative way through the exchange of reflections; when they are in the interaction area, they work in small groups in which the hypotheses of the work to be done can be raised and debated; the creation zone revolves around the development of creative strategies, oriented towards the design of the product; the development zone would cover the actual production of the product, where informal learning and reflection processes emerge; the research zone would allow them to verify and test whether the results they have obtained are in line with the requirements and designs previously proposed. Finally, the presentation area would be appropriate for disseminating and publicising the conclusions of the whole process.

This further exploration of the uses of each of the zones is very closely linked to the project-based methodology since, as García-Tudela *et al.* (2023b) state, it is one of the most widely used (followed by other strategies such as cooperative learning) as it is very appropriate to respond to the needs posed by this new flexible learning environment. However, Tena and Carrera (2020) also point out that FCLs are not exclusively for student project development, but that teachers also play an active role at different levels. To cite one example, firstly, by knowing the potentials of each of the areas and their elements, which makes prior teacher training a fundamental element. Subsequently, in their role as guides and mentors, which is typical of student-centred methodologies. In the same sense, Martín-Lucas and Sánchez-Rojo (2022) state that AF not only reorganises the physical and technical space, but ultimately redefines the role of the teacher, who goes from being the centre of knowledge to a guide, tutor or mentor.

Furniture must also be taken into account with this flexibilisation of space, which must also be consistently flexible, such as tables and chairs with wheels, which can be rearranged as needed (Tømte, & Lazareva, 2023). Tena and Carrera (2020) argue that the configuration of furniture should be understood in such a way that there can be mobility between teachers and students, away from traditional arrangements of desks in rows, which brings closer together (or even exchanges) the positions traditionally held by the two groups.

Despite the crucial importance of flexibility in the arrangement of spaces to facilitate learning, it should be borne in mind that the key point of AF is not how the classroom is arranged according to defined spaces, but the use that is made of them (Tena, & Carrera, 2020). In this sense, the spaces must be flexible enough to adapt to the methodological needs that are implemented, as will be detailed in the following section.

3. Student-centred methodologies

educational methodology has been the focus of many studies in recent years. The idea that the birth of the modern school was linked to an industrial era and characterised by a uniform methodology is widely accepted as an explanation for the format that is considered more traditional. However, in recent years educational trends point to the rise of educational practices in which the teaching and learning process is no longer teacher-centred but student-centred (Mahat *et al.*, 2018). Thus, classroom activity promotes student participation, through which students acquire autonomy and responsibility

(Hong, 2012). This trend is encouraged by the introduction, since the European Council (2006), of supranational regulations in relation to lifelong learning which is defined with a strong competency-based character. In this approach, the focus of teaching activity shifts from knowledge that is learned to skills and competences that students develop through practical situations and classroom experience (Hoskins, & Deakin, 2010).

These innovative teaching and learning practices are a basic element of an Innovative Learning Environment (Mahat *et al.*, 2018). These practices are not defined under a concrete and specific methodology, but as the sum of activities that combined facilitate the best possible learning outcomes for students while developing in them the so-called 21st century skills (creativity, collaboration, communication and critical thinking) (Mahat *et al.*, 2018). However, we do find authors who define certain methodologies as competency-based, such as Service Learning, Project-Based Learning, Problem-Based Learning or Cooperative Learning (Blázquez, 2016).

Whether driven by necessity or a desire to align the process more closely with students' interests and needs, these methodologies commonly leverage digital technology for tasks such as information retrieval, collaboration, content creation, and assessment. Since the irruption of digital technology in everyone's life at the beginning of the century, the system has aimed to train teachers to provide them with tools, both methodological and practical, to enable them to develop teaching and learning experiences where students use the digital environment for their own learning (Castañeda *et al.*, 2018). In this way, the aim has been to encourage collaboration among students (Lee *et al.*, 2023) and the shared construction of knowledge (Gros, 2010), and to facilitate the adaptation of learning to students' individual needs and rhythms (OECD, 2013).

4. The use of ict

As discussed above, the use of ICT is a fundamental tool when it comes to student-centred methodologies. Tømte and Lazareva (2023), for example, point out that the classroom should be technologically rich, following the FCL guidelines, although this technology should not take centre stage, but rather be introduced invisibly (Gros, 2010). In addition, García-Tudela *et al.* (2023b) state that the use of ICT in AF should promote the development of students' skills, and list some specific tools such as Interactive Whiteboards, 3D printers or robotics kits. Added to this list are technologies that simulate a virtual world through a computer, mainly in a visual way (but also through other senses), such as Virtual Reality (Conn *et al.*, 1989). This can be accessed through a three-dimensional simulation on the computer screen, or in an immersive way by making the user feel immersed in a virtual world using a head mounted display instead of a monitor (Wu *et al.*, 2020). Augmented Reality harmonises three-dimensional computer-generated information with that from the physical world (Barroso *et al.*, 2019).

Both Virtual Reality and Augmented Reality technology form part of one of the three pillars proposed by Martín-Lucas and Sánchez-Rojo (2022) within the term used to refer to the FCL: the hyperclassroom. This extended classroom would be structured around the axes of hyperspace (understood, as we have previously explained, as open and flexible spaces that adapt to educational needs), hypermedia (referring to the blurred line that would separate online content from offline physical content) and hyperreality (the irruption in the classroom of Virtual Reality technologies, both immersive and non-immersive, and Augmented Reality).

These three pillars that we have presented throughout this research (flexible and versatile spaces as facilitators of learning, student-centred methodologies and the use of ICT) involve important qualitative changes in the traditional roles of teachers and students, in the relationships established in the classroom through pedagogical aspects and in the interaction with ICT tools, making it relevant to analyse the perceptions that all agents have of the changes brought about by AF.

5. Perceptions of the actors involved

as far as studies analysing teachers' perceptions of the AF are concerned, in the work of Tømte and Lazareva (2023) the teachers in the study were interviewed along two thematic lines: how they thought the FCL would influence their teaching plans and, on the other hand, what their expectations were regarding what they expected students to learn in this type of classroom. The responses to the interviews suggest that the FCL would orient their teaching plans towards the development of skills such as enquiry, exploration of space and resources, while their expectations for student learning focused on students becoming familiar with the learning space and experiencing at least two of the areas offered. In this sense, the authors of the study relate the teaching plans to the educational metaphor of acquisition, while their expectations revolve around participation.

On their part, the results of the study by García-Tudela (2023a), in which 66 teachers who teach in various Spanish AF participated, corroborate that student-centred methodologies are the most widely used in combination with various ICT resources differentiated according to the educational stage at which they are aimed. As far as the teachers' perception is concerned, there is great satisfaction with the increase in student motivation in the context of AF, its usefulness and the possibilities for collaboration that it offers.

With a larger sample of 181 teachers, all of them from different pre-university stages, the study by Gómez-García *et al.* (2022) focuses on the perception of the pedagogical impact of AF on teaching-learning processes. The results show that AF has contributed to transforming pedagogical aspects related to active and collaborative learning, which is consistent with the results of García-Tudela (2023a). Even also in terms of the use of ICTs, which become a tool for the creation of digital content in its different processes of design, prototyping, collaboration and creation (aligned with the different flexible spaces discussed above). On a percentage level, the results of the study showed increases of 10 %, 7 %, 5 % and 12 % in the tasks of searching for information, conducting online surveys, analysing data and developing labs and video games respectively.

Broadening the profiles of study participants, Arstop's (2022) research included FCL project managers, student assistants and teachers. Their sample was smaller (n = 10), but reflected that the perception of participants was that such initiatives had challenged traditional roles of both teachers and students, giving students more independence and control in their own learning processes, which aligns with the fundamental thrust of learner-centred methodologies. Also analysed was the evolution in the perception of student assistants, that while they were in training their main concern was to be "good teachers", whereas when they made the leap to professional teaching their focus was on personal development to meet the challenges of FCL, which would reinforce the need for training new teachers in this type of project.

With similar profiles (project managers, teachers and students), but with a larger sample (n = 107), the research by Sardinha *et al.* (2018) focuses on the perception that the different agents have of the use of the space. 77 percent of them considered the layout of the FCL spaces to be intuitive, a percentage that increases to 81 % in reference to the ease of identifying the different areas. 56 % felt that there was no need for explanations about the uses of the different spaces.

Regarding the ICT dimension, the research conducted by Nombela *et al.* (2023) suggests that an extensive use of ICT in the context of AF is not devoid of risks. Their study encompassed a substantial sample of 796 teachers, revealing that education delivered through digital devices could potentially result in a decline of emotional skills. This was reported by 16,9 % of the teachers surveyed, who said that empathy had declined in hybrid or fully online learning environments, followed by the loss of teamwork opportunities. However, the study was conducted in the two years immediately following the confinement due to the COVID-19 pandemic situation, with the pressure to migrate from face-to-face to exclusively distance learning in a very short period of time (Roda-Segarra, & Mengual-Andrés, 2022). In this sense, it is very appropriate to highlight the practical argument of Ellis and Goodyear (2016) in which they argue that, after the enormous diffusion of Massive Online Open Courses (MOOCs), a renewed interest in exploring the use of physical spaces for teaching-learning processes has emerged. Although this argument predates the COVID-19 pandemic, the emergence of MOOCs would reinforce this approach due to the aforementioned pressure to migrate to purely distance learning.

Finally, the responses provided by the teachers in the research conducted by García-Tudela *et al.* (2023b) indicate that school management teams play a pivotal role as the primary advocates for the implementation of activities like AF, necessitating comprehensive planning at the school's administrative level. Given its key importance for the success of this type of experience, in the following section we make an organisational proposal at school level for the implementation of AF.

6. An organizational proposal at school level

The following is a practical proposal for a school to introduce what it considers to be innovative in a stable and lasting way. To do this, we will base ourselves on the Toolkits and Transformer Kits of the AF project, which we will be enriched from the experience observed non-systematically in many educational centres. To do so, we will answer two questions:

1. Where should the AF initiative be located in order for the work to be long-lasting and stable?
2. Who would carry out this work?

6.1. Where should the AF Initiative be Located in order for the Work to be Long-Lasting and Stable?

In order to answer this question, we are going to base ourselves on the organisational structure of the educational centres of the Valencian Community. We are aware that there may be nuances that change from one community to another, but we believe that it will not be too much of an effort for the reader to find the parallels.

Firstly, when a school decides to work along the lines proposed by the AF initiative, there are certain issues that must be modified:

6.1.1. The Educational Project of the Centre (Proyecto Educativo del Centro)

The educational centres, in the exercise of their autonomy, design a living document that includes, based on the characteristics of the students they serve, the principles that underpin, give meaning to and guide the different projects, plans and activities of the centre (Decreto 253/2019). This framework document is known as the Educational Project of the Centre (PEC, from its Spanish name).

These principles define the identity of the school, and so their implementation must be based on joint reflection and agreement by the teachers that constitute the teaching staff. This involves identifying common interests and shared priority objectives, which is essential for innovation to be carried out in a joint and coordinated way and not from the individuality of the walls of one or several classes isolated from each other.

In the AF Toolkit, this identification of common interests is called "Identifying the trends" in Toolkit 1. In the Transformation Toolkit, this step is included in Phase 1, when initial decisions on methodology are invited.

Within the structure of the PEC, there are different sections where questions related to this way of working should be included:

6.1.2. Objectives

In the point related to the centre's objectives, priorities for action and pedagogical line, considering and involving all its members as a whole, i.e. the educational community, the centre considers, with a view to the future, what type of educational centre it wishes to be. The school's signs of identity precisely reflect its values, objectives and priorities for action, always in line with the indications or parameters established by current regulations.

In the Valencian Community, at this point it is established that this identity will be based on a model of an equitable, inclusive and innovative school, which fits in perfectly with the proposal of the AF initiative.

6.1.3. Pedagogical Line

The pedagogical line is defined as the set of strategies, procedures, techniques and organised actions aimed at facilitating learning opportunities in order to achieve the objectives and competences.

An example of text that could be added in the pedagogical line section would be the following: "We will prioritise student-centred strategies and methodologies with scientific evidence, such as Project-Based Learning, flexible learning environments and stations and Cooperative Learning, creating Innovative Learning Environments in the different versatile spaces, such as indoor and outdoor classrooms, the school playground or common areas and corridors, to achieve the best performance of our students".

6.1.4. Medium and Long-Term Measures

Thirdly, the point dealing with "The basic lines and criteria that should guide the establishment of certain measures in the medium and long term" should be enriched, which should include, among other more or less related things, "Educational innovation through new integrative, cooperative and collaborative methodologies that motivate learning and improve students' academic results". This can be narrowed down by establishing objectives similar to these:

- To provide students with a flexible learning environment that fosters creativity, collaboration and critical thinking.
- To design contextualised, student-centred learning situations in which learners have a responsibility for their own learning.
- To develop students' skills in the use of digital technology for learning in a responsible, ethical and critical manner.
- To promote inclusion and equal opportunities in learning, using methodologies, technologies and resources accessible to all.

As a methodology, one could indicate something similar to the following:

- Cooperative work groups will be established, in which interaction and collaboration will be encouraged.
- Different digital technology will be used within the teaching and learning process.
- Student-centred methodologies will be promoted, such as project/problem/challenge/phenomenon-based learning or problem solving, giving students the opportunity to apply what they have learnt in everyday or contextualised situations.
- Formative assessment will be integrated, in which students will be given continuous feedback to improve their performance and learning.

Projects Developed by the Centre

Fourthly, this document includes, with annual updates, the projects or programmes developed by the centre, such as the Educational Research and Innovation Projects (PIIE) (Table 1), i-Moute (Table 2) and the European programmes, or, as in the Valencian Community, the specific project of "Classrooms transforming educational spaces and methodologies". All these programmes can be related to this topic in different ways.

Table 1. PIIE projects approved in the 2023/2024 call related to AF

Centre	Title	Funding
CEIP OLTÀ	*L'aula del futur en el present de l'Oltà*	4705,58 €
CEIP SAN FRANCISCO DE ASÍS	*Transformando espacios para la mejora del aprendizaje*	5702,73 €
CEIP LOPE DE VEGA	*Nous espais: aprenentatges transformadors*	6739,59 €
CEIP JAUME I	*Transformar l'escola a partir de projectes interdisciplinaris sostenibles, inclusius i coeducatius*	7085,21 €
CEIP SAN ANTÓ	*Espais transformadors*	5000,00 €
CEIP GABRIEL MIRÓ	*En busca de la creatividad a través de la transformación de espacios*	5000,00 €
CEIP MIGUEL DE CERVANTES	*Transformant les aules, transformen l'escola*	4207,80 €
CEIP LAS HIGUERILLAS	*Transformando espacios para incluir y mejorar*	5000,00 €
CENTRE PRIVAT MADRE PETRA	*Aulas del futuro, una realidad del presente*	1004,50 €

Source: (Own production, 2023)

Table 2. i-Moute projects approved in the 2022/2023 call related to AF

Centre	Title
CIPFP VALLE DE ELDA	*CIPFP Valle de Elda - espacios innovadores en fp: ateca, empren y aula del futuro*
CRA ARABOGA	*Actividades educativas de éxito + Aulas transformadoras*
CEIP Princesa de Asturias	*Transformació de l'escola*
IES GREGORI MAIANS	*Espacios que cambian, modelos que se transfoman*

Source: (Own production, 2023)

There are also multiple European KA1 funded projects related to AF, such as the one carried out by CEIP Vil·la Romana in Catarroja under the title "Towards the 21.0 Classroom" during the 2017-2019 academic years.

6.1.5. Management project and economic regime

The school may need to make a financial investment to provide flexible, adaptable and versatile furniture. This should be taken into account when drawing up the draft annual budget, for example.

The following is a list of issues that may be considered when drawing up a budget related to space allocation:

- Soundproofing (absorbent elements).
- Lighting (natural and artificial).
- Ventilation (natural and artificial).
- Image (colours, signage).
- Temperature (heating, air conditioning).
- Furniture.
- Expendable material.
- Inventory material (reference or reading books).
- Digital technology.
- Decorative elements.
- Adaptation or accessibility works.

6.1.6. Organisational and operational rules

The guidelines and criteria established in the PEC will be one of the bases from which the school must draw up the compulsory Rules of Organisation and Operation (NOF).

Of particular interest is the mention in this section of the fact that the NOF may include issues related to the organisation of the centre's spaces. Given that the AF project is based on the idea that all space (physical and digital) is educational, the organisation of the school's physical spaces and their use are essential elements on which to reflect and reach agreements. In this way, this section could include something similar to the following:

- Every space in the centre is considered an educational space and can therefore be used as a teaching resource for different purposes.
- Pupils may move around and work in different areas subject to compliance with rules previously agreed with the teaching staff.
- The use of the common areas will be subject to reservation or will be organised by cycles/courses/ stages.
- In the corridor on the first floor, above the central staircase, there will be a seating area in the form of a sofa which will also be used for school mediations.
- The stairwell of the two staircases in the building will be converted into a rest and reading area, which can be used during playground time.

On the other hand, in order to guide the design of the point that includes the criteria for the creation of groups of pupils, the current regulations (Resolution of 27 June 2023) specify that all Infant Education and Primary Education groups will be configured in accordance with the ratio established by the regulations in force in the Valencian Community. However, in the second cycle of Infant Education and in Primary Education, the centres, within the scope of their organisational autonomy, may constitute a number of groups that exceeds the number of authorised units, once they are aware of the number of teachers assigned to the centre, and will establish the pedagogical criteria for the allocation of pupils to the different groups, which may include pupils from different levels. This invites the teaching staff to consider the possibility of establishing in the pedagogical criteria for the allocation of pupils to the different groups that allow for inter-level work.

6.1.7. Annual General Programming (PGA)

This document is defined as the basic instrument that includes the planning, organisation and operation of the centre, as an annual specification of the different aspects included in the educational project, and will be made up of the set of actions derived from the decisions adopted in the educational project drawn up at the centre and the specification of the curriculum (Resolution of 27 June 2023).

This same regulation indicates that this document includes, among other things, the projects and action plans that the teaching staff has agreed and approved to be developed during the current school year. Therefore, in the case of having designed a specific plan for the design or implementation of an Innovative Learning Environment, such as a PIIE, it should be included here.

This document also includes administrative information among which we highlight the following issues due to their direct relationship with the way of working in an EIA:

1. **Pedagogical criteria for drawing up timetables:** for students, teaching staff and non-teaching educational staff. When designing these criteria, it may be interesting to consider the option of structuring them in such a way that students with special characteristics (co-teaching, two consecutive sessions of the same subject, etc.) can be catered for. Below are different proposals for criteria that can be considered when making these changes:
    a. Each work team will have at least one hour of coordination per week.
    b. Each group will have two consecutive hours of interdisciplinary work per week, with the attention of two teachers in the classroom.
    c. Each level will work together, the two classes, with three teachers, for two hours each week.
    d. Priority will be given to each group always receiving support from the same person, in order to favour joint and stable work by the teaching team.

2. **Programme of Formative Activities of the School (PAF):** This document contains the training designed for the teaching staff on an annual basis, taking into account the priorities established by the regulations and the training needs detected among the teaching staff. Since this plan aims to achieve the objectives established in the PEC, having introduced in it the intention of working in Innovative Learning Environments, training must be carried out in those issues that favour it, either because they cover gaps and needs or because they enrich the current experience. Therefore, training on different topics could be included in this document:

   a. Student-centred methodologies.
   b. Shared teaching.
   c. Personalised learning.
   d. Competence assessment.
   e. Interlevel work.
   f. Interdisciplinary work.
   g. Integration of digital technology in the teaching-learning process.
   h. Classroom management techniques and strategies in innovative educational spaces.

3. **The Action Plan for Improvement (PAM):** This section of the PGA is the document in which the educational intervention to be carried out in the school and its environment during the current school year is specified. Its main purpose is to increase the percentage of pupils who achieve the proposed objectives and develop the corresponding educational competences. Different actions for the improvement of students can be included, among which we find:

   a. Cooperative learning, which aims to develop social and teamwork skills, encouraging mutual help to achieve a joint objective.

b. Interdisciplinary projects: these enable work to be carried out in which different subjects are involved and in which learning methodologies based on projects, challenges, problems or phenomena can be applied.

c. Shared teaching: facilitates the collaboration of teaching staff to offer individualised attention to students.

For all these issues the following information can be collected:
a. Objectives.
b. Courses that will carry out this action.
c. What timetable will be used.
d. What indicators will be taken into account for evaluation.

In addition, this document includes the classroom programmes of each teacher at the centre. These include the learning situations designed to work with the students. These learning situations will take into account the development of 21st century competences.

By way of summary, Table 3 shows the different actions to be carried out in each of the documents, as described above.

Table 3. List of documents of the centre to be enriched for coherence and their sections

Centre document	Section to collect questions related to the theme
Educational Project of the Centre (PEC)	Signs of identity
	Pedagogical line
	Medium and Long-Term Measures
	Projects developed by the centre
Management project	Budget
Rules of Organisation and Operation (NOF)	Organisation of the centre's spaces
	Criteria for student grouping
Annual General Programming (PGA)	Pedagogical criteria for drawing up timetables
	Programme of Formative Activities of the School (PAF)
	The Action Plan for Improvement (PAM)

Source: (Own production, 2023)

6.2. Who would do this work?

When introducing this series of modifications in the life of a school, it is advisable that the innovation process be structured around a group of interested teachers, preferably the whole teaching staff or not, and a smaller group, also of teachers, who would lead the process.

The first step, therefore, is to set up a formal working team to drive the process of change and innovation in the school. There is no fixed ideal number of members, but it is usually more interesting to look at their profile: a member of the management team, the person coordinating training at the school, the person coordinating digital technology, etc. From there, depending on the size of the school, it may be interesting to have one person from each cycle or stage. This driving team would be made up solely of staff employed by the school itself, with the possibility of occasional support or contributions from other sectors such as pupils, families, local organisations or companies. This team is called by many different names: Innovation Team (Intef, 2023), TA Commission (Generalitat Valenciana, 2023), Driving Team, etc.

7. Conclusión

In this research, the Spanish AF project has been presented, as well as its relationship with the European FCL project. The three characteristic axes of the project, such as flexible spaces, student-centred methodologies and ICT, have been studied in depth.

A review of articles investigating the perception of the actors involved in the various AF projects has also been carried out; in general they reflect an increase in student motivation, possibilities for teachers and the contribution to the transformation of pedagogical aspects related to student-centred learning. Risks related to the loss of empathy in overly ICT-mediated learning environments have also been identified.

Finally, an organisational proposal has been made at school level, reviewing the school documents that must be taken into account when planning a PA project, as well as other organisational and management aspects.

Acknowledgment

CEIP La Patacona, Alboraya.
CEIP Vicente Blasco Ibáñez, Museros.
CEIP La Fila, Alfafar.

References

Arstorp, A. T. (2022). Student assistants in Future Classroom Labs moving between figured worlds and becoming a resource for developing professional digital competence in teacher education. *Nordic Journal of Digital Literacy, 17*(2), 123-134. https://doi.org/10.18261/njdl.17.2.4

Barroso Osuna, J., Gutiérrez-Castillo, J., Llorente-Cejudo, M., & Valencia Ortiz, R. (2019). Difficulties in the Incorporation of Augmented Reality in University Education: Visions from the Experts. *Journal of New Approaches in Educational Research, 8*(2), 126-141. https://doi.org/10.7821/naer.2019.7.409

Blázquez, D. (2016). *Métodos de enseñanza en educación física. Enfoques innovadores para la enseñanza de competencias.* INDE.

Caballero-García, M. E., Peña-Acuña, B., & Retana-Alvarado, D. (2022). Tendencias acerca del concepto de los espacios educativos. *HUMAN REVIEW. International Humanities Review/Revista Internacional de Humanidades, 13*(4), 1-10. https://doi.org/10.37467/revhuman.v11.4047

Castañeda, L., Esteve, F., & Adell, J. (2018). ¿Por qué es necesario repensar la competencia docente para el mundo digital? *Revista de Educación a Distancia (RED), 18*(56). https://revistas.um.es/red/article/view/321581

Conn, C., Lanier, J., Minsky, M., Fisher, S., & Druin, A. (1989). Virtual environments and interactivity: Windows to the future. *ACM Siggraph Computer Graphics, 23*(5), 7-18.

Consejo Europeo (2006). Recomendación del parlamento europeo y del consejo de 18 de diciembre de 2006 sobre las competencias clave para el aprendizaje permanente. Diario Oficial de Europa, L394/10, de 30 de diciembre de 2016.

Ellis, R. A., & Goodyear, P. (2016). Models of learning space: Integrating research on space, place and learning in higher education. *Review of Education, 4*(2), 149-191. https://doi.org/10.1002/rev3.3056

García-Tudela, P. A., Prendes-Espinosa, M. P., & Solano-Fernández, I. M. (2023a). Aulas del Futuro en España: un análisis desde la perspectiva docente. *Pixel-Bit: Revista de Medios y Educación*, (67), 59-86. https://doi.org/10.12795/pixelbit.98627

García-Tudela, P. A., Prendes-Espinosa, P., & Solano-Fernández, I. M. (2023b). The Spanish experience of future classrooms as a possibility of smart learning environments. *Heliyon, 9*(8), e18577. https://doi.org/10.1016/j.heliyon.2023.e18577

Gómez-García, M., Alameda, A., Poyatos, C., & Ortega-Rodríguez, P. J. (2022). El Aula del Futuro: un proyecto para la redefinición pedagógica de los centros educativos. *Revista interuniversitaria de formación del profesorado, 98*(36), 133-148. https://doi.org/10.47553/rifop.v98i36.2.94188

Gros, B. (2010). *El ordenador invisible: hacia la apropiación del ordenador en la enseñanza*. Gedisa. https://dialnet.unirioja.es/servlet/libro?codigo=41525

Hong, W.-P. (2012). An international study of the changing nature and role of school curricula: from transmitting content knowledge to developing students' key competencies. *Asia Pacific Education Review, 13*(1), 27-37. http://dx.doi.org/10.1007/s12564-011-9171-z

Hoskins, B., & Deakin, R. (2010). Competences for Learning to Learn and Active Citizenship: different currencies or two sides of the same coin? *European Journal of Education, 45*(1), 121-137. http://dx.doi.org/10.1111/j.1465- 3435.2009.01419.x

Lee, H. Y., Ramsay, C. M., & Robert, J. (2023). The Effects of Furnishings and Technology on Pedagogical Agility and Student Engagement Across

Flexible Learning Spaces. *Journal of Learning Spaces, 12*(1). https://libjournal.uncg.edu/jls/article/view/2207

Mahat, M., Bradbeer, C., Byers, T., & Imms, W. (2018). *Innovative Learning Environments and Teacher Change: Defining key concepts.* University of Melbourne, LEaRN. http://www.iletc.com.au/publications/reports

Martín-Lucas, J., & Sánchez-Rojo, A. (2022). Technology and Teaching Space: A Pedagogical Approach to the Classroom of the Future. In *International conference on technological ecosystems for enhancing multiculturality* (pp. 499-508). Springer Nature Singapore.

Nombela, D. M., Dominici, P., Sarasqueta, G., Gato, M. J., Silveira, M. J., & Cuesta, J. D. (2023). La nueva educación universitaria en línea: de lo emocional a la espectacularización. *Revista Latina de Comunicación Social, 81,* 508-538. https://doi.org/10.4185/RLCS-2023-1980

OECD (2013). Innovative Learning Environments. Educational Research and Innovation. OECD Publishing. https://www.oecd.org/education/ceri/innovativelearningenvironmentspublication.htm

Roda-Segarra, J., & Mengual-Andrés, S. (2022). Metodologías activas de enseñanza durante la pandemia de COVID-19: estudio de un caso de composición musical a distancia. *Teknokultura. Revista de Cultura Digital y Movimientos Sociales, 19*(2), 87-93. http://dx.doi.org/10.5209/TEKN.77808

Sardinha, L., Almeida, A. M. P., & Barbas, M. P. (2017). Digital future classroom: the physical space and the inclusion of the NEET/Refugee population-conceptual and theoretical frameworks and methodology. In *INTED2017 Proceedings* (pp. 2396-2405). IATED.

Sardinha, L., Almeida, A. M. P., & Barbas, M. P. (2018). The Classroom Physical Space as a Learning Ecosystem - Bridging Approaches: Results from a Web Survey. In Ó. Mealha, M. Divitini, & M. Rehm (Eds.), *Citizen, Territory and Technologies: Smart Learning Contexts and Practices* (pp. 39-50). Springer. https://doi.org/10.1007/978-3-319-61322-2_5

Tena Fernández, R., & Carrera Martínez, N. (2020). La Future Classroom Lab como marco de desarrollo del aprendizaje por competencias y el trabajo por proyectos. *Revista mexicana de investigación educativa, 25*(85), 449-468.

Tømte, C. E., & Lazareva, A. (2023). Educating for Professional Digital Competence? Exploring Teacher Education in a New Learning Space. In *Digital*

Transformations in Nordic Higher Education (pp. 77-96). Springer International Publishing.

Wu, B., Yu, X., & Gu, X. (2020). Effectiveness of immersive virtual reality using head-mounted displays on learning performance: A meta-analysis. *British Journal of Educational Technology, 51*(6), 1991-2005. https://doi.org/10.1111/bjet.13023

Destino la biblioteca escolar: las comunidades lectoras en el marco de las comunidades de aprendizaje a través de experiencias efectivas

Miriam López Santos

Universidad de León (España)

Abstract: This article explores the transformative role of libraries as multifaceted community centers, extending beyond traditional boundaries of mere book repositories to becoming dynamic hubs for social engagement and collaborative learning. Focusing on the evolving functions of libraries, especially in educational settings, the study delves into how libraries facilitate not only access to literature but also act as inclusive spaces fostering community interaction, knowledge exchange, and skill development. By analyzing various case studies and contemporary research, the paper highlights the instrumental role libraries play in bridging social divides, encouraging cultural enrichment, and promoting lifelong learning. It argues that libraries, by hosting diverse community activities and learning programs, contribute significantly to the social and educational upliftment of communities. The integration of technology and digital resources in libraries is also examined, showcasing how this evolution supports a more extensive and inclusive approach to education and community building. Overall, the article emphasizes the library's transition from a silent reading space to a vibrant community resource, vital for fostering a culture of collaboration, creativity, and shared learning.

Keywords: Scholar Libraries, Community Engagement, Collaborative Learning, Social Transformation, Educational Resources.

1. Introducción

Como dijera Ítalo Calvino, la lectura es soledad; sin embargo y, en apreciación de William Nicholson, leemos para saber que no estamos solos. ¿Cómo nos enfrentamos, cómo sobrevivimos a una realidad que constata que, efectivamente, estamos más aislados que nunca? Y estamos más solos porque no leemos, pero estamos más solos aún porque tampoco compartimos aquello que vivimos ni lo que soñamos o lo que anhelamos. Aquellas historias junto al fuego, o los relatos en las noches de verano, pero también en bancos de los patios y en los parques. ¿Qué ha pasado con el don de la palabra que nos fue otorgado? Poco a poco vamos dejando a un lado la capacidad que nos ha caracterizado como especie y, en una falta completa de comunicación, volamos hacia el poshumanismo casi de manera catastrófica. A nuestro alrededor observamos continuamente que del hombre como ser social hemos dado un salto al hombre como ser individual. Alejado del grupo, del colectivo y despojado de la palabra, parece que solo quedara el vacío, la nada.

Y es que la pérdida de la comunicación oral se debe, en cierta medida, a la falta de habilidades orales compartidas desde la primera infancia. He aquí uno de los argumentos que constarán nuestra tesis final. Los primeros años, durante el periodo de la enseñanza primaria, como sabemos todos los aquí presentes, son determinantes y precisan de una dedicación mayor y más consciente de las habilidades orales.

De su correcta implementación a través de prácticas efectivas dependerá un futuro de pensamiento libre pensadoras y capaces de solucionar conflictos y buscar puntos de unión entre las desavenencias, siempre esperables en las sociedades actuales.

2. La biblioteca como instrumento para la mejora de las habilidades orales

La brecha en habilidades lingüísticas observada en muchos estudiantes durante la etapa secundaria, incluyendo aspectos como limitaciones en el empleo de vocabulario, habilidades narrativas y comprensión de textos complejos, tiene sus raíces en la falta de experiencias orales compartidas en la primera infancia. Esta brecha no solo afecta la adquisición de conocimientos enciclopédicos sino también el desempeño académico posterior. Desde la Educación infantil, el desarrollo del lenguaje se ha identificado como un factor clave para la comprensión lectora y la adquisición de habilidades numéricas, según destacan Hjetland *et al.* (2020) y Hornburg *et al.* (2018). Existe un consenso en la comunidad educativa sobre la importancia de abordar esta brecha como una prioridad, incluso por encima de la adquisición de conocimientos enciclopédicos.

Hulme *et al.* (2020) enfatizan la eficacia de las intervenciones directas en los primeros años para mejorar el vocabulario y las habilidades relacionadas con el lenguaje oral, especialmente en estudiantes vulnerables. Apoyándose en el trabajo de Rogde *et al.* (2019), se constata que intervenciones bien diseñadas e implementadas en pequeños grupos tienen un impacto significativo en el desarrollo lingüístico. Aunque los resultados iniciales parecían modestos, estudios más detallados revelan que la calidad de la implementación y el tamaño del grupo son factores cruciales para el éxito de estas intervenciones.

Reflexiones adicionales de Hulme *et al.* (2020), así como de Ramacciotti *et al.* (2022) y Snowling *et al.* (2022), sugieren que la efectividad de estas intervenciones depende en gran medida de cómo se aplican y se adaptan al contexto específico del centro educativo. Ramacciotti *et al.* (2022) enfatizan la necesidad de proporcionar a los centros educativos recursos adecuados, como guías detalladas, programas de entrenamiento de calidad, materiales para estudiantes y apoyo continuo para los profesionales, asegurando así que las intervenciones se realicen de manera efectiva y en línea con las necesidades y valores de cada centro y su alumnado.

Y entre tantos recursos y tantas posibilidades, podríamos plantearnos a cuál acudir con ciertas garantías de éxito, en dónde buscar prácticas efectivas que se conviertan en aprendizajes validados, basados en evidencias empíricas.

Los programas de fomento de la lectura, especialmente aquellos que se realizan en colaboración con las bibliotecas escolares, se han demostrado como recursos valiosos para mejorar las habilidades orales de los estudiantes. Estas iniciativas, que van más allá de la simple promoción de la lectura, involucran activamente a los alumnos en experiencias de lectura compartida y discusiones enriquecedoras. El compromiso de las bibliotecas en estos planes no solo proporciona acceso a una amplia gama de materiales de lectura, sino que también crea un entorno propicio para el intercambio de ideas y el desarrollo de habilidades de comunicación. Estas prácticas, al fomentar un entorno de aprendizaje colaborativo y participativo, juegan un papel crucial en el desarrollo lingüístico de los estudiantes, ayudándoles a mejorar su vocabulario, comprensión y expresión oral. Además, la integración de la biblioteca en estos planes refuerza su papel como un centro vital de aprendizaje y crecimiento dentro de la comunidad educativa. (Aguilar *et al.*, 2010; Martí Climent, Reig Gascón y Rodríguez Gonzalo, 2021).

Y aquí se encuentra, quizás, el bálsamo que venga a curar a nuestros alumnos y, por ende, a la sociedad toda, de esta carencia con que venimos afirmando. La biblioteca, esa *casa para siempre* de la que hablaba Vila-Matas, debe convertirse en el espacio alrededor del cual gire la vida de los centros escolares, implicando a toda la comunidad educativa. Ya decía Borges que «Siempre imaginé que el paraíso sería algún tipo de biblioteca». Y, en efecto, las bibliotecas escolares deben ser consideradas como espacio sociocultural, responsable de la dinamización, desarrollo y fortalecimiento de algunos procesos de transformación de los sujetos y de sus realidades sociales, en tanto ofrecen condiciones favorables para la implementación de prácticas ciudadanas.

Pero como «El amor de las bibliotecas, como en la mayoría de amores, se debe aprender», según apuntara Alberto Manguel, ha de comenzar por una revalorización de las misma. Las bibliotecas escolares deben recibir una verdadera intervención y dejar a un lado connotaciones negativas como zonas de castigo o espacios para pasar las horas muertas, repletas de libros amontonados y sin clasificaciones operativas, adoleciendo de una falta de criterios contextualizados y basados en las necesidades de la comunidad. La clave de este modelo se basa en que los alumnos descubran la nueva biblioteca y se sientan parte de ella, impulsando la participación constante en su diseño y gestión y creando un espacio común, comunitario, cultural y abierto.

Y, efectivamente y, como constatara Murani: ¿Por qué nos acercamos a un objeto? ¿Qué nos llama la atención de él? Como los prelibros a los libros, las prebibliotecas deberían ser el paso previo al acceso a las bibliotecas. El espacio es determinante para generar la emoción, como constatan las investigaciones desde el marco de la neurociencia aplicada a la educación (Guillén, 2017; Caballero, 2017; Moreno *et al.*, 2019; López-Cassà y Bisquerra Alzina, 2023). Debemos experimentar con el espacio, sentirnos atrapados, vinculados emocionalmente. Se debe partir del qué, pero también del dónde. Es decir, necesitamos la intersección de los tres agentes claves: los libros, los sujetos, pero también el espacio, donde se conjugan el lugar «Topos», el uso «Tipos» y la construcción «Tectónica». La biblioteca como el retorno del lugar ameno, que cantaran los poetas clásicos.

La eficacia y el triunfo de las bibliotecas escolares residen en la intersección y la implementación adecuada de diversas variables fundamentales. En este contexto, el modelo nórdico, junto con las iniciativas chilenas como el Programa Nacional de Construcción de Bibliotecas, se erigen como paradigmas ejemplares a emular. Estas instancias destacan por su enfoque en la modernización de las bibliotecas y la creación de espacios propicios para la lectura, partiendo de la premisa de que las bibliotecas deben ser reconocidas como centros de diversidad cultural comunitaria. Así, la dirección marcada por estos modelos enfatiza la necesidad de revalorizar el papel cultural y social de las bibliotecas, transformándolas en verdaderos núcleos de servicios comunitarios. Este enfoque aspira a configurarlas como espacios públicos abiertos y participativos, enraizados profundamente en y para la comunidad. Se pretende, por ende, que la biblioteca sea percibida como una institución esencial dentro del ámbito educativo en el que se inserta, adquiriendo una posición destacada y perdurable en el tiempo. Esta visión procura conferirle a la biblioteca un carácter de transcendencia e influencia significativa en cada localidad, promoviendo un sentido de pertenencia y compromiso comunal. De esta manera, el rol de la biblioteca se redefine como un ente socializador, con un enfoque igualitario, que no solo fomenta la práctica de la lectura, ya sea de manera individual o compartida, sino que también cultiva y fortalece el concepto de comunidad, arraigada en una cultura compartida.

La Biblioteca García Márquez ha sido galardonada con el premio internacional a la Mejor Biblioteca Pública nueva de 2023, otorgado por la Federación Internacional de Asociaciones e Instituciones Bibliotecarias (IFLA). El jurado ha valorado cuestiones como la interacción del equipamiento con su entorno y la cultura local, la calidad arquitectónica del edificio, la flexibilidad de los espacios y servicios, la sostenibilidad (estructura ecosistémica), el compromiso con el aprendizaje y la conexión social, la digitalización de servicios y el cumplimiento de objetivos de desarrollo sostenible. Ofrece un servicio social, cultural y educativo en el barrio más allá de las tipologías habituales. La biblioteca proporciona un refugio climático y un espacio referencial e icónico. De hecho, se insiste en la importancia de la puesta en valor de experiencias visuales, táctiles y sensoriales.

Se trata de un espacio íntimo y próximo, que crea comunidad y que nos invita a repensar el futuro de las bibliotecas. Se trata de romper prejuicios para que se deje de ver la biblioteca como un lugar en el que solo hay libros y en el que se tiene que permanecer en silencio. Se puede introducir lo lúdico, pero también la experimentación.

Estos modelos son el punto de partida que nos sirven de referencia. No solo nos interesan las bibliotecas y los libros que engloban como entes depositarios del saber universal, sino los contextos que generan y las comunidades que se pueden crear alrededor de las mismas, puesto que deben ser infraestructuras de proximidad y de cohesión social. Estamos hablando de prácticas ciudadanas que posibilitan la convivencia y la participación, que facilitan el acceso libre y gratuito a la información y al conocimiento, requisitos indispensables para el logro del desarrollo social, político y económico de la sociedad y para el progreso de las zonas vulnerables y los espacios desfavorecidos; Es decir, se trata de prácticas que contribuyen a reducir la brecha entre alumnos informados y desinformados, que es lo mismo que decir entre alumnos libres o manipulables, formados y comprometidos o vulnerables e indefensos. El compromiso con las bibliotecas escolares justifica la responsabilidad en la consecución de los Objetivos de Desarrollo Sostenible planteados por Agenda 2030, puesto que tiene un impacto positivo sobre el bienestar social, el acceso al conocimiento o las oportunidades de empleo.

Y, como el ser humano ansía al grupo y necesita formar parte del mismo, una de las posibilidades más fructíferas que ofrecen las bibliotecas escolares es aquella que considera que toda la comunidad educativa debe implicarse en su desarrollo y transformación, para que los beneficios logrados repercutan a su vez en toda la comunidad, no solo en el alumnado.

Surge en este momento el concepto de comunidad de aprendizaje, pero entendida como comunidad de lectores, en la que las experiencias lectoras no solo sean vividas, sino compartidas. Retornamos a los libros y retornamos a la palabra. Es decir, el punto de encuentro, la intersección entre comunidad y biblioteca es la palabra compartida.

Se entiende por comunidad de aprendizaje un proyecto de transformación social y cultural de un centro educativo para superar el fracaso escolar y mejorar la convivencia, tomando como punto de partida la biblioteca escolar (Elboj, Puigdellivol, Soler, y Valls, 2006). A partir de una acción educativa basada en unas altas expectativas hacia cada uno de los niños, niñas y adolescentes, en la colaboración, en el diálogo igualitario y en la confianza en las familias, en las potencialidades educativas del entorno y del profesorado para poner en el centro el aprendizaje y el progreso permanente. Todo empieza a cambiar gracias a la «participación, al compromiso y al empuje colectivo». De este modo, y a través de la implicación de toda la comunidad en la biblioteca y todo lo que esta supone, la propia comunidad educativa entra a formar parte activa en la escuela, transformándola, mientras que esta entra a formar parte de sus vidas, cambiando y mejorando sus expectativas, sus posibilidades y su futuro (Elboj, Puigdellivol, Soler y Valls, 2006; Girbés-Peco, Macías y Álvarez., 2015; Sumba Arévalo y Mejía Vera, 2021).

Los principios pedagógicos de una Comunidad de Aprendizaje, entendida como comunidad lectora, se fundamentan en torno a la necesidad imperante de fomentar un ecosistema educativo inclusivo y holístico, donde la participación activa de un espectro diverso de agentes educativos —incluyendo familiares, voluntarios, asociaciones e instituciones— es fundamental. Esta participación es particularmente crucial en espacios como las bibliotecas, donde la presencia aislada de los docentes no basta para catalizar un aprendizaje óptimo. En su lugar, se aboga por un paradigma colectivo y colaborativo, propio de las comunidades lectoras, en el que la interacción y el diálogo colectivo enriquecen la trayectoria educativa.

La centralidad del aprendizaje en estas comunidades se manifiesta en el empeño constante por maximizar el desarrollo integral de cada individuo, trascendiendo las limitaciones impuestas por las condiciones socioeconómicas. Este enfoque se alinea con la premisa de que la equidad educativa debe garantizar resultados homogéneos para todos los miembros, independientemente de las variables sociales externas.

La lectura trasciende las diferencias, iguala las sociedades y acompaña en un proceso de inclusión.

Se sostiene, además, un nivel de expectativas positivas elevadas, en el que los objetivos planteados y los recursos proporcionados generalizan lo meramente básico y se orientan hacia la excelencia y el máximo rendimiento. Esta filosofía impulsa a todos los integrantes de la comunidad lectora a desplegar su máximo potencial, incentivándolos a sobrepasar sus propias barreras.

Finalmente, la noción de progreso constante se erige como pilar fundamental en la cultura de una Comunidad de Aprendizaje. Este enfoque implica una evaluación continua y crítica del proceso educativo, integrando la retroalimentación como un elemento esencial y permanente del aprendizaje. Este ciclo de reflexión y adaptación continua asegura que la educación se modifique y evolucione de manera dinámica para satisfacer las demandas cambiantes de la comunidad, promoviendo así un entorno de aprendizaje vivo y reactivo que abraza el concepto de comunidad lectora como un catalizador del conocimiento y la interacción social.

Asimismo, el concepto sobre el que pivota una Comunidad de Aprendizaje, esto es, «aprendizaje dialógico», encuentra su significado primero si este se inserta dentro de una comunidad lectora, especialmente en el contexto de la biblioteca escolar. En estas comunidades, la biblioteca se convierte en un espacio vital donde se materializa este aprendizaje dialógico, propiciando interacciones enriquecedoras entre los miembros de la comunidad educativa, desde el respecto a las diferencias en la interpretación individual y el enriquecimiento por las aportaciones del grupo. El diálogo igualitario, uno de los principios fundamentales del aprendizaje dialógico, encuentra un paralelo directo en las comunidades lectoras, donde todos los participantes, independientemente de su rol o estatus, se involucran en discusiones y actividades de lectura en igualdad de condiciones. Este ambiente democrático fomenta un intercambio de ideas diverso y enriquecedor. La inteligencia cultural es otro pilar importante que resuena en las comunidades lectoras. Al compartir lecturas y experiencias, cada individuo aporta su perspectiva única, enriqueciendo el tejido cultural de la comunidad, fomentando una comprensión más profunda, reflexiva, a la par que empática, entre los miembros de la comunidad. El principio de transformación se refleja en la capacidad de las comunidades lectoras para cambiar y enriquecer el entorno educativo. Al igual que Paulo Freire sugiere que somos seres de transformación, las bibliotecas escolares se convierten en espacios donde los estudiantes, educadores y otros miembros de la comunidad pueden influir y ser influenciados, promoviendo un cambio positivo. La dimensión instrumental en las comunidades lectoras se evidencia en cómo las estrategias y dinámicas de lectura y discusión contribuyen a evitar la exclusión social, involucrando a todos los miembros de la comunidad. La creación de sentido y la solidaridad se manifiestan en el proyecto común de fomentar el amor por la lectura y el conocimiento que trasmiten los textos como ventanas a otras realidades, uniendo a la comunidad en un esfuerzo colectivo para proporcionar una educación igualitaria y de calidad. Por último, la igualdad de diferencias en las comunidades lectoras enfatiza el respeto y la valoración de las distintas perspectivas y experiencias, reconociendo que las diferencias no son obstáculos, sino oportunidades para el enriquecimiento mutuo y la comprensión intercultural.

3. Comunidades de aprendizaje como comunidades lectoras

Existen casos reales de prácticas efectivas que giran alrededor de la lectura compartida dentro del espacio de la biblioteca escolar y enmarcadas en comunidades de aprendizaje, implementadas en zonas de vulnerabilidad en España y cuyo análisis puede servir de punto de partida para implementar estas prácticas en centros con similares condiciones. Suponen estas la participación en procesos de transformación social desde la biblioteca escolar a través de comunidades de lectores que han tenido una repercusión directa y beneficiosa en la constitución de sujetos sociales que comprenden mejor el mundo, que interactúan de manera más justa con él y con sus semejantes, favoreciendo la transformación y revirtiendo realidades sociales complejas. La práctica en la palabra compartida como motor de cambio social es la guía que siguen estos centros.

Analizamos 4 centros escolares CEIP Andalucía, IES Bovalar, CEIP San Isidoro y el IES Pedro de Luna que se insertan todos en las denominadas zonas de vulnerabilidad dentro de espacios urbanos, caracterizadas por la exclusión social, con población que presenta escasez de recursos, con una necesidad urgente de vivienda digna y desarraigo con su entorno, con graves problemas como el desempleo, la introducción de drogas (tráfico y consumo), una creciente agresividad y violencia. Se suma a estas la pérdida de referentes históricos y espaciales y el debilitamiento de las redes sociales que favorece la exclusión y el estigma.

En todas ellas se han llevado a cabo intervenciones desde comunidades lectoras con resultados positivos.

El primero de los ejemplos es el CEIP Andalucía, ubicado en el Polígono Sur en la ciudad de Sevilla, conocido como el barrio de las 3000 viviendas, entendido como zona vulnerable, por estar en riesgo continuo de exclusión social. Tienen aproximadamente 170 alumnos, el 98 % de este alumnado pertenece a la etnia gitana y presentan un absentismo del 70 %. Se constituyeron como comunidad de aprendizaje en 2006, para garantizar el éxito escolar.

Abren las puertas a la colaboración de las familias y de voluntarios de la sociedad y cuentan en este momento con más de 100 voluntarios. El proyecto de centro se estructura en torno a los siete principios del aprendizaje dialógico que comentábamos más arriba. Su recurso más potente es la *biblioteca fantasía*, que ha sumado 15 000 libros desde que en el 2006 comenzaran la iniciativa y por la que se han hecho merecedores del Premio Nacional de Fomento de la Lectura 2023 del Ministerio de Cultura y Deporte del Gobierno de España.

Destacaron de su trabajo: el espíritu de lucha de una comunidad educativa que apuesta decididamente por el fomento de la lectura como antídoto contra las desigualdades en un entorno difícil. Por convertir la biblioteca en el centro de atención y educación, fuera y dentro de las aulas, y abierta a toda la comunidad para que tengan la oportunidad de tener otra vida a través de los libros. En definitiva, un reconocimiento a toda la comunidad educativa, por su enorme esfuerzo para impulsar la actividad lectora y creer en el poder transformador de los libros. Y dice Elvira Sastre que «la carátula de los libros tiene forma de puerta».

Algunas de las actividades que se organizan desde la biblioteca: Formación de usuarios, con actividades específicas para aprender a usar una biblioteca; apadrinamiento lector, actividad en pareja que involucra a todo el alumnado durante una hora. El alumnado de mayor edad hace de padrino/madrina leyendo un cuento al alumnado de menor edad. Todo el Centro se transforma en una sala de lectura y cualquier rincón es aprovechado para leer; cartelera de cuentos, similar a una cartelera de cine, pero de cuentacuentos. El alumnado tiene que elegir entre diversos cuentos que se van a contar a la vez en diferentes espacios del centro. Las carteleras siempre son temáticas, algunas de los temas tratados: el amor, amistad, la diversidad, la música, etc. El arte de contar y la necesidad de oír.; encuentros con autores/as que hacen partícipes a toda la comunidad de textos cuya lectura ha sido compartida; tertulias literarias, es una de las actividades educativas de éxito. Todo el alumnado participa de las tertulias literarias adecuadas a su nivel de competencia lectora. Para ello la biblioteca dispone de numerosos volúmenes de algunos títulos literarios; los recreos también son literarios, debajo de un gran árbol con una tarima hay un carrito de supermercado repleto de libros. Es el árbol de los libros.

Todas estas propuestas son los sueños de sus compañeros de cursos pasados que se plantearon como propuestas en asambleas de la comunidad educativa. El ambiente literario impregna el centro, el hábito de leer está normalizado y la comunidad comparte la lectura. «La biblioteca como centro de la vida», dice su directora.

En Castellón de la Plana, dentro de la Comunidad Valenciana, se ubica el centro IES Bovalar. Un centro público de Educación Secundaria y Bachillerato catalogado también como de difícil desempeño. El equipo directivo actual tomó las riendas del centro en el 2016 cuando este apenas contaba con 400 alumnos, de los 600 de capacidad, con solo 15 en bachillerato. Los porcentajes eran escalofriantes: Más del 50 % de los alumnos fracasaban por el camino, entre absentismo y abandono. Desde esta situación de segregación educativa y estudiantes vulnerables se organiza una comunidad de aprendizaje que, de nuevo, cuenta con la biblioteca como motor de transformación social. Se potenció la biblioteca en detrimento del uso y abuso de los deberes, e, incluso, de los libros de texto, al ser conscientes de que los padres, en su mayoría, carecían de formación y recursos económicos para suponer un apoyo en cuanto a conocimientos enciclopédicos se refiere, pero sí, en cambio, estaban dispuestos a involucrarse en la vida del centro y ser partícipes de la misma.

La biblioteca se organiza en torno a un potente Club de Lectura dentro de una comunidad de lectores, en consonancia con las directrices del Club de Lectura de los ODS, que sostiene que el conocimiento siempre ha sido una clave para el progreso y los libros, en cualquier formato, son el instrumento por el cual se conserva y se comparte el conocimiento. Su afirmación se fundamenta en el hecho de que la promoción de la lectura puede contribuir significativamente al logro de los objetivos de desarrollo sostenible, puesto que tiene un impacto positivo sobre el bienestar social, el crecimiento económico, el acceso a la educación o las oportunidades de empleo.

En el marco de este centro educativo, la comunidad de lectores se erige como un ágora literaria, un espacio consagrado al encuentro y a la confluencia de ideas alrededor de la lectura. Esta dinámica se aleja de cualquier concepto evaluativo o de control, privilegiando en su lugar el intercambio dialógico entre iguales, fundamentado en la expresión oral y la escucha activa. La aproximación al texto se origina en una vivencia personal y profundamente íntima, que posteriormente se transfigura en un diálogo colectivo, que oscila entre la espontaneidad y la estructuración, dando lugar a una práctica lectora que es simultáneamente libre y vivencial, así como compartida y discursiva.

La intervención llevada a cabo en el centro a través del desarrollo de la biblioteca ha provocado cambios sustanciales en el centro. El propio centro presenta sus datos de manera pública para que pueda observarse esta intervención. El número de alumnos ha aumentado considerablemente hasta los 900 y ha provocado la creación de nuevas instalaciones, abandonando los antiguos barracones de un cuartel del ejército en el que estaba emplazado. Ahora es un centro de referencia en la provincia y no porque las notas sean brillantes, que tampoco lo son, sino porque ha superado el estigma de centro de difícil desempeño. Algunos datos reseñables: se ha pasado de 47 expedientes disciplinarios anuales a 35; y de 700 a 340 los partes de incidencia. A modo de ejemplo, en 1o de ESO, los conflictos se han reducido casi un 70 %. Incluso ha mejorado la tasa de titulación en ESO, que ha pasado del 67 % al 83 %. El índice de repetidores ha descendido también, sobre todo en 1o de ESO, donde ha pasado del 23 % al 19 %. Son cifras que hablan de términos esperanzadores y que constatan la necesidad de una verdadera intervención.

En la provincia de León, el CEIP San Isidoro ha organizado su comunidad de aprendizaje potenciando la biblioteca y convirtiéndola en centro del cambio, después de estar en una situación cercana a la desaparición, únicamente con 14 alumnos de etnia gitana en 2017. El modelo del centro a través de comunidades de aprendizaje y bajo el modelo de grupos interactivos.

Tertulias dialógicas literarias o pedagógicas. Se llevan a cabo con alumnos, con adultos (profesores o voluntarios) y ya está en proyecto futuro plantearlas para familias. Se ponen en común, una vez por semana y al mismo tiempo en todo el centro, la lectura de libros de la literatura clásica universal o textos relacionados con la educación, vinculados al proyecto común que estructura el curso. Para ello, cada participante lleva, como mínimo, un fragmento elegido para leerlo en voz alta y explicar por qué le ha resultado interesante o especialmente significativo. La esencia de estas tertulias es que surjan temas de debate que puedan vincularse a la realidad y a su contexto y que favorezcan la inclusión y mejoren el ambiente del centro, potenciando una reflexión crítica (Valls, Soler, y Flecha García, 2008).

Asimismo, involucran a las familias y a la sociedad y las ofrecen formación, por parte de los docentes para participar en la biblioteca a través del proyecto: «tutorización de la biblioteca»; los grupos interactivos impulsan la biblioteca en horario del centro y fuera de él, a través de las comisiones mixtas. Del mismo modo, los grupos interactivos (GI) participaron también en el proyecto «Parques de verso». Los alumnos por cursos y con el apoyo de los grupos interactivos desde el proyecto de centro y para vincular la sostenibilidad a través del cuidado de los árboles y de los parques y desde la poesía. Los alumnos recitan poemas vinculados a la naturaleza y estos son grabados para que a través de placas con códigos QR se inserten en los parques y toda la población pueda disfrutar de la naturaleza y de la poesía. Cada voluntario se encarga de una actividad, lo que exige que haya tantos adultos, en el aula y en las sesiones fuera de las mismas. Como hemos comentado con anterioridad, las interacciones que introducen los voluntarios no solo aceleran los aprendizajes instrumentales de todo el alumnado, sino que aumentan la motivación y disminuyen los conflictos de aula y el riesgo de exclusión de determinados alumnos (Ordoñez-Sierra, Rodríguez-Gallego y Rodríguez-Santero, 2017).

Tras la intervención, el centro cuenta con una comunidad fuerte de comisiones mixtas que gestionan la biblioteca como centro de la vida del colegio y ha conseguido invertir la tendencia decreciente, contando en este momento con 172 alumnos matriculados del barrio y de otras zonas de la ciudad, eliminando el estigma del CEIP.

El centro IES Pedro de Luna, se inserta en una zona que va ligada a una diversidad cultural de paisajes y etnias que hace que el alumnado, los adolescentes y jóvenes del barrio, compongan una población escolar muy variada, por lo que desde el centro vemos fundamental tomar parte activa en crear un buen clima de convivencia. El IES

Pedro de Luna ha de servir de catalizador del carácter de las gentes de la Magdalena, un barrio histórico, céntrico, ejemplar integrador de culturas. Desde la biblioteca se desarrolló el proyecto *Narralunas*: un pasaporte a la cultura, como motor de integración de una realidad compleja y diversa y con la firme creencia de que las narraciones de tradición oral mejoran la fluidez en la expresión del alumnado y disminuyen los conflictos. Se planteó como una actividad alternativa de ocio saludable que alternaba el uso de la biblioteca con la interacción con el medio. Coincidiendo con fechas señaladas se organizaban en la biblioteca, en el salón de actos o fuera del centro con la luna como testigo sesiones abiertas de narraciones orales.

Aprender a contar historias del acervo cultural, ya sea tradicional o moderno, se alienta también la creatividad, es decir, la faceta del alumnado en tanto autor de sus propias narraciones. Además, estaríamos potenciando el trabajo en equipo, ya que en cada centro trabajarían grupos heterogéneos de alumnos en la recopilación y adaptación de narraciones, con ayuda de profesores y narradores orales que impartirían los talleres de formación. Pero, además, se trabajaría en paralelo con otros centros de la misma Zaragoza y con institutos de otras provincias, de modo y manera que pudiera llegar a crearse un proyecto de gran alcance que permitiera intercambiar materiales, experiencias, y que alentara la celebración de encuentros anuales entre docentes y jóvenes narradores de diferentes lugares.

Crearon al propio tiempo el «Pasaporte Cultural», que complementaba la calificación reglada y que permitía hacer partícipes a los alumnos de la realidad de su ciudad. El conocimiento y la literatura están en el contexto, fuera de las aulas y supone un camino a Ítaca que se ofrece en una apuesta firme por un aprendizaje a lo largo de la vida.

Tras la intervención, el centro ha sufrido un empuje y se ha revitalizado. Aún conserva su categoría de centro de difícil desempeño, pero el IES ha conseguido crear comunidad.

4. Conclusiones

Todos estos ejemplos parten de la consideración de que un aprendizaje duradero es aquel que se extiende más allá de las aulas, promoviendo la educación a lo largo de la vida y de que el sistema educativo y, por ende, los docentes, debemos ser conscientes de que la única posibilidad de revertir la situación de urgente desigualdad, injusticia y violencia imperante sería abogar por una relación con la tierra y sus habitantes basada en la sostenibilidad y la equidad, a través de una educación de calidad.

Un centro que reivindica y coloca en primer plano la biblioteca y sus libros, mediante la formación lectora, es un centro implicado en el desarrollo de habilidades y competencias, escritas, pero también orales, un centro que busca continuamente el cuestionamiento crítico de la realidad desde valores como la igualdad, la justicia social y la sostenibilidad. La lectura compartida, desde y para el pensamiento esencial y profundo siempre ha sido una de las claves para el progreso de los pueblos y los libros, en cualquier formato, son el instrumento por el cual se conserva y se comparte dicho pensamiento. Estas experiencias de lectura efectiva en contexto han contribuido significativamente a la lucha contra las desigualdades en sus respectivas comunidades de aprendizaje. Por ello, se debe situar en primera instancia el fomento del hábito lector, en detrimento del uso y abuso de contenidos enciclopédicos en las aulas, especialmente en los primeros años, ya que contribuye a la integración del individuo en la sociedad, al desarrollo de su equilibrio emocional, a la construcción de la autoestima, al respeto por los semejantes y, en última instancia, al acceso al conocimiento.

Y permítame una reflexión final que conforma una tesis circular enlazando con la primera idea de la que partí: un pueblo sin narradores y sin historias por contar, es un pueblo sin horizonte, sentenciaba Menéndez Salmón. Podrá conquistar la felicidad, la libertad e incluso la justicia, pero será incapaz de decirlas. No se sabrá feliz, libre ni justo porque carecerá de ficciones que simbolicen semejantes figuras.

Quizá por eso, entre todas las banderas que el poshumanismo ha agitado, ninguna tan peligrosa como la que vocea el supuesto fin de la palabra compartida. Que las bibliotecas abanderen el resurgimiento de un mundo que crea que la palabra, que es su representación más noble, aquella a la que los escritores dieron forma, nos hace menos huérfanos y menos indefensos y más humanos y más íntegros.

Referencias

Caballero, M. J. (2017). *Neuroeducación de profesores y para profesores. De profesor a maestro de cabecera*. Pirámide.

Elboj, C., Puigdellivol, I., Soler, M., y Valls, R. (2006). *Comunidades de aprendizaje. Transformar la Educación.* (5ª ed.). Editorial Graó.

Elizondo Moreno, A., Rodríguez Rodríguez, J. V., y Rodríguez Rodríguez, I. (2018). La importancia de la emoción en el aprendizaje: Propuestas para mejorar la motivación de los estudiantes. *Cuaderno De Pedagogía Universitaria, 15*(29), 3-11. https://doi.org/10.29197/cpu.v15i29.296

Girbés-Peco, S., Macías, F. y Álvarez, P. (2015). De la Escuela Gueto a una Comunidad de Aprendizaje: Un Estudio de Caso sobre la Superación de la Pobreza a Través de una Educación de Éxito. *International and Multidisciplinary Journal of Social, 4*(1), 88-116. https://doi.org/10.17583/rimcis.2015.04

Guillén, J. C. (2015). *Neuroeducación en el aula: de la teoría a la práctica* (pp. 251-278). ASIRE.

Hjetland, H. N., Brinchmann, E. I., Scherer, R., Hulme, C., y Melby-Lervåg, M. (2020). Preschool pathways to reading comprehension: A systematic meta-analytic review. *Educational Research Review, 30*, 100323. https://doi.org/10.1016/j.edurev.2020.100323

Hulme, C., Snowling, M. J., West, G., Lervåg, A., y Melby-Lervåg, M. (2020). Children's language skills can be improved: Lessons from psychological science for educational policy. *Current Directions in Psychological Science, 29*(4), 372-377. https://doi.org/10.1177/0963721420923684

López-Cassà, È., y Bisquerra Alzina, R. (2023). Emociones epistémicas: Una revisión sistemática sobre un concepto con aplicaciones a la educación emocional. *Revista Internacional de Educación Emocional y Bienestar, 3*(2), 35-60. https://doi.org/10.48102/rieeb.2023.3.2.58

Ordóñez-Sierra, R., Rodríguez-Gallego, M., y Rodríguez-Santero, J. (2017). Grupos interactivos como estrategia para la mejora educativa: estudio de casos en una comunidad de aprendizaje. *Revista de Investigación Educativa, 35*(1), 71-91. http://dx.doi.org/10.6018/rie.35.1.247061

Ramacciotti, M. C., Sousa, H., Silveira, H. G., Hulme, C., Snowling, M. J., Newbury, D. F., y Puglisi, M. L. (2022). Scaling up early language intervention in educational settings: First steps matter. *Oxford Review of Education, 49*(1), 29-47. https://doi.org/10.1080/03054985.2022.2088488

Rogde, K., Hagen, Å. M., Melby-Lervåg, M. y Lervåg, A. (2019). The effect of linguistic comprehension instruction on generalized language. *Campbell Systematic Reviews, 15*(4), e1059. https://doi.org/10.1002/cl2.1059

Sumba Arévalo, V. M. y Mejía Vera, J. G. (2021). Comunidades de aprendizaje: una experiencia en y para la profesionalización docente en la Universidad Nacional de Educación-Ecuador. *Revista De La Escuela De Ciencias De La Educación, 2*(16). https://doi.org/10.35305/rece.v2i16.673

Valls, R., Soler, M. y Flecha García, J. R. (2008). Lectura dialógica: interacciones que mejoran y aceleran la lectura. *Revista Iberoamericana de Educación, 46*(1), 71-88. https://doi.org/10.35362/rie460717

Aproximació a la transmissió textual de literatura religiosa a través de la documentació inquisitorial. L'escrit de defenses de joan adret

Jacob Mompó Navarro

*Universidad Complutense de Madrid -
Institut Ramon Llull (Spain)*

Abstract: The analysis of the Inquisition procedural documentation provides indispensable information for studies of violence, intolerance, and history of mentalities, but it can also be very useful to complement the study of cultural traditions, literature of the Modern Age or sociolinguistics, among many other aspects. In this paper we analyse the defence of Joan Adret, in which the transmission of religious literature, both print and manuscript, at the beginning of the 16th century can be perceived.

Keywords: Religious Literature, 16th Century, Inquisition, Converts, Judaism.

1. Introducció

L'anàlisi de la documentació processal de la Inquisició aporta informació que pot ser ben útil per a l'estudi de la literatura moderna, i en el cas de la documentació que treballem, especialment per a l'època que abasta des de finals del segle d'Or de la literatura catalana fins a la primera meitat del segle XVI. L'època se circumscriu, doncs, als inicis d'un període que ha estat tradicionalment denigrat amb l'etiqueta tan poc precisa com prescindible de la "Decadència". El cas és que el paper que la Inquisició va tenir en la davallada de producció literària en català al segle XVI ha estat un tema de discussió inflamada, sobretot a finals dels anys setanta del segle XX, i ben especialment protagonitzada per R. García-Cárcel (1975-76 i 1976) i J. Ventura (1976 i 1978).

En qualsevol cas, a través de l'anàlisi de la documentació inquisitorial, de vegades, hom pot copsar el paper que tingueren els conversos quant a la transmissió literària, impresa i manuscrita, de textos —especialment, però no només— religiosos. La Inquisició, en efecte, fou un agent que contribuí, tot i que accidentalment, a accelerar-ne el procés, en tant que eliminà de soca-rel tot un estrat social que comptava, entre les seves files, amb creadors, comerciants, distribuïdors i consumidors de literatura en català.

En aquest treball, analitzarem un document concret: els escrits de defenses del convers Joan Adret, membre d'una família de conversos que havia prosperat en la València puixant de finals del segle XV. El document és ben interessant. Certament, en un procés inquisitorial, després de les tres primeres audiències d'admonicions, es produïa l'acusació del fiscal. En la dita acusació, s'eliminaven els noms dels testimonis i qualsevol informació complementària que pogués permetre l'acusat d'inferir la identitat dels testimonis. Amb aquesta informació oculta, l'acusat i el seu advocat procurador havien de redactar l'escrit que els permetés defensar-se dels testimonis aportats pel fiscal. Per tant, es tracta d'un text amb unes particularitats concretes, atès que l'acusació prèvia del fiscal influïa enormement en la seva redacció.

Si analitzem les defenses de Joan Adret, podem extraure informació valuosa pel que fa a qüestions de religiositat, de cultura popular o de costums al si d'un entorn familiar convers; però també, pel que fa a allò que més ens interessa ara, referències a la circulació manuscrita i impresa d'oracioners, llibres d'ores i salteris, especialment del *Salteri* de Joan Roís de Corella, imprès a Venècia l'any 1490. A més, hi podem extreure informació igualment interessant pel que fa a la sociolingüística, perquè s'hi constaten unes clares mostres de diglòssia quant a les preferències lingüístiques dels textos religiosos.

2. Els adret: una família de l'elit mercantil en la valència del tombant de segle

Joan Adret era membre d'una família benestant de la València del segle XV, els membres de la qual, fruit de la intolerància del seu temps, i gràcies als mètodes implacables de recopilació d'informació que duia a terme la Inquisició, foren tacats amb la màcula de conversos; i, per aquest motiu, hi foren processats i els seus béns, espoliats.

Son pare, Galcerà Adret, participava activament en el comerç marítim, tant al Mediterrani com a Flandes (Hinojosa, 1997, pp. 95-96). Apareix nombroses vegades en distinta documentació exercint negocis ben lucratius. A tall d'exemple, en setembre de 1472, junt amb Gonçal Roís, participava en un negoci d'importació de blat procedent de Sicília (Cruselles, E., 2019). En aquell mateix temps, apareix exercint de fiador del mercader genovès Francesco Lomellini (Cariñena i Díaz, 1994, p. 143). Poc després, en juliol de 1481, junt amb Bernat Pintor i el cavaller Altubell de Centelles, comprava a un navegant corunyès el balener Santa Maria del Campo (Igual, 2016, pp. 83-84). Així mateix, el 3 de novembre de 1485, la marquesa de Vilaragut i de Montcada, signava una concòrdia amb Galcerà, que hi actuava com a procurador de Joan de Folc, comte de Cardona, en què acordaven la venda d'un censal per tal de pagar el dot i l'escreix d'Elionor de Vila-rasa, vídua de Mateu de Montcada, senyor de la baronia d'Aitona, de Serós i dels llocs de Mequinensa i Vilamarxant (Comas, 2012, p. 412).

Igualment, el 18 de maig de 1484, Adret formava part de la comissió d'experts convocada pels jurats de la ciutat de València, que va acordar imposar un tribut sobre el tràfic de mercaderies per tal de finançar les despeses de l'armada contra el corsari genovès Jordiet d'Òria (Santamaria Arandez, 2000, pp. 209-212). Galcerà Adret, a més, va ser una figura important durant el procés inquisitorial contra Salomó Saporta, un mercader jueu de Sagunt, empresonat des de gener de 1487 fins a la primavera de 1488. Saporta, durant el procés, va rebre el suport directe del monarca Ferran el Catòlic; i Galcerà Adret hi participà com un dels garants de Saporta davant els inquisidors (Bordes, 2017, p. 364).

Finalment, el juny de 1492, a conseqüència de l'expulsió dels jueus decretada per la monarquia, i en un moment en què Galcerà Adret ja havia estat processat i absolt per la Inquisició, arribà a un acord amb el representant de la comunitat jueva de Xèrica sobre les condicions del transport dels expulsats cap a Orà (Kriegel, 1998, p. 256). Aquell mateix any i en aquell mateix sentit, juntament amb el genovès Carlo Calvo i el barceloní Pau Salvador, signava uns capítols amb les jueries de Saragossa i Calataiud, entre d'altres, en què es comprometia a traslladar-ne els jueus expulsats a Nàpols (Igual, 1992, pp. 101-102).

L'Arxiu Històric Nacional de Madrid (AHN) conserva un document d'incalculable valor per a l'estudi dels conversos valencians. Es tracta d'un cens per parròquies, de 1506, en què els inquisidors anotaren els noms de tots aquells valencians conversos, o que en descendien. Gràcies a aquest cens, sabem que la mare del nostre protagonista era Isabel Roís, llavors vídua de Galcerà Adret, filla de na Gràcia i d'Alfons Roís, mercader de Terol. El matrimoni tingué, almenys, dos fills, Joan i Galcerà, i dues filles, Violant i Jerònima. En aquell any de 1506, amb Isabel Roís vivia el seu germà, Gonçal Roís, i una neboda, Isabel, filla d'Anton Roís, que havia estat cremat en persona l'any 1502 (Cruselles, Cruselles i Bordes, 2015, p. 363). Fora del matrimoni,

Galcerà Adret havia engendrat, entre altres bastards, Jaume Adret, fill de Llúcia, cristiana de natura, "su mançeba" (Cruselles, Cruselles i Bordes, 2015, p. 251).

Però, al mateix temps que tenia lloc aquesta activitat comercial a què ens hem referit més amunt, el nom dels integrants de la família Adret apareixien en les declaracions de distints testimonis que es produïen, bé durant els processos contra terceres persones, bé en el marc dels distints edictes de gràcia promulgats per les autoritats inquisitorials. Totes aquestes declaracions s'afegiren al procés que la Inquisició incoà contra Galcerà Adret l'any 1488.

Gràcies a aquesta documentació inquisitorial, sabem que, segons fra Joan Ferrandis, monjo mercedari, la família Adret tenia una serventa grega "en lo lloc de Folces, en casa de micer Alexandre Adret, pare seu", esclava amb la qual Galcerà havia tingut dos fills bastards. Aquesta esclava hauria confirmat al frare mercedari que els Adret no vivien com a vers cristians i que, a més, l'obligaven a menjar carn en Quaresma (AHN, Inq. 534, exp. 1, f. 1r).

Galcerà havia estat tutor de Beatriu Corella, muller del botiguer Alfons Corella. Beatriu declarà que, a casa del seu tutor, no s'hi feia faena els dissabtes (AHN, Inq. 534, exp. 1, f. 2r). Per la seva banda, Isabel, muller del vanover Gabriel Castellar, afirmava que els Adret celebraven la Pasqua jueva. Això li ho havia contat Elionor Pujola, vídua de Nicolau Pujol, la qual havia llogat unes cambres a Galcerà. Allà hi habitava una fadrina, Antònia, que era natural de Falcer. Antònia confessà a la Pujola —i aquesta, a la testimoni— que la mare d'Adret encara celebrava la pasqua jueva, i que, per aquest motiu, "Com fon vengut mestre Gualbez per inquisidor, lo dit Galcerà Adret trameté la dita fadrina a Falcer, de on era, y dos |es|claves que tenia trameté la una a Mallorqua y la atra a Barcelona, y mudà de companyes" (AHN, Inq. 534, exp. 1, f. 2v). Finalment, Caterina, muller d'Andreu Resclosa, agricultor de Benetússer, que estigué dos mesos de dida a casa d'en Galcerà llavors feia deu anys, declarà que, quan morí de poca edat un fill de Galcerà Adret, aquest llavà el cos de la criatura, segons mana el ritu jueu (AHN, Inq. 534, exp. 1, f. 2v).

Com hem vist, a Galcerà Adret l'acusaren de qüestions que, tot i que solien ser els motius recurrents en molts processos contra conversos valencians, tenien a veure amb costums i creences jueves. Hem vist que l'acusaven de menjar carn en Quaresma, no treballar els dissabtes, celebrar la Pasqua jueva o, en una ocasió, rentar el cos d'una criatura de poca edat que havia mort. Amb tot, d'aquell procés pogué eixir-se'n relativament ben parat, atès que els testimonis, com hem vist, confessaven d'oïdes.

En canvi, tot i que del procés contra el fill, Joan Adret, només es conserva l'escrit de defensa, podem constatar-hi que no hi ha res, a la documentació, que ens permeta d'aprofundir en les seves suposades creences jueves; tampoc no podem inferir costums jueus ni que siga des del punt de vista antropològic. Com veurem tot seguit, els diferents capítols de l'acusació del fiscal tenien a veure amb ser amic d'un heretge i no haver-lo delatat, afirmar que el toc de campanes dels difunts era una burla, intercanviar cartes amb l'exterior estant empresonat i llegir salms en català. I tots aquests suposats 'crims' podien haver estat perfectament obra de qualsevol 'cristià de natura'.

3. El procés inquisitorial contra joan adret

Gràcies a la documentació conservada (AHN, Inquisició, lligall 518, expedient 12), sabem que Joan Adret fou detingut i processat per la Inquisició fins a quatre vegades. En el primer procés, de 1512, s'estigué a la presó dos mesos; en el segon, poc més d'un any; en el tercer, dos anys i quatre mesos. Ara, en 1520, als testimonis de tots els processos anteriors, se n'havien unit quatre més. Contra aquests quatre testimonis, l'advocat de Joan Adret preparà el seu escrit de defenses.

Abans d'aquest escrit, però, l'expedient conserva la llista dels testimonis que haurien de donar fe de la bona conducta i vida cristiana de l'acusat. El document no passaria de ser anecdòtic, ja que no es conserven les declaracions dels testimonis que s'hi referencien, si no fos pels noms d'aquells nobles, eclesiàstics, mercaders, dames i cavallers que testificaren a favor de Joan Adret: una nòmina d'autoritats en aquella València dels inicis del segle XVI que ens dona una idea del pes que la família Adret encara hi tenia. En aquest sentit, la llista de testimonis que l'advocat de la defensa enllestí foren Lluís Bustamant, cavaller; Gaspar Pellicer i Ricard Maur, comanadors de l'orde de Sant Jaume; Lluís Collar, ciutadà; Nofre Costa, mercader; na Beatriu Cardona, el mercader Galcerà Sentàngel, mossèn Soler, prevere beneficiat de la Seu de València, i, ni més ni menys que, els nobles Joan Ferrandis d'Herédia i Francesc Fenollet.

No sabem exactament el contingut de l'acusació del fiscal, però segons l'escrit de defensa podem intuir, almenys, cinc capítols de l'acusació, dels quals, els quatre darrers corresponien amb les delacions dels quatre testimonis. El primer punt del fiscal, un capítol genèric en l'acusació contra qualsevol acusat de criptojudaisme, era ser convers i descendir de jueus. Contra aquest primer capítol, l'advocat argumentava el següent:

> Si·s vol dir que, per venir de decendència de jueus, se poria tenir algun indici o sospita contra aquell, açò és fals y contra tota veritat, y totes les leys diuen lo contrari, ço és, *quod quilibet presumittur bonus* si ja no·s prova lo contrari. E si per la rahó dessús dita de devallar lo dit Adret de aquella descendència se hagués de presumir contra aquell, lo mateix se poria dir dels que devallen de la damnada secta de Arrià y pérfido Mahomet. *Et tamen necessario* se ha de dir que los crestians devallen o de la ley vella o de la dita secta mahomèttica, si ja alguns no al·legassen que venen de gentils. De manera que no es pot dir més contra aquell que contra altre. (AHN. Inq. 528, exp. 12, f. 10r)

Aquesta afirmació sobre la presumpció d'innocència és interessant perquè, de fet, a la pràctica, era just al contrari. Així doncs, els descendents de jueus i de conversos sempre eren tractats com a sospitosos. De fet, sense gaires excepcions, en els processos contra conversos, ser convers i davallar de jueus era sempre el primer punt de l'acusació del fiscal.

Algun dels testimonis l'acusava, també, d'haver fet alguna afirmació escandalosa referent al toc de campanes per a difunts. Aquest apartat, en què no aprofundirem gaire en aquest treball, és igualment ric, tant per la dialèctica de l'advocat defensor i les citacions a distintes obres teològiques per demostrar que aquella afirmació no implicava heretgia, com per les referències a aspectes més culturals de la ciutat de València quant als distints tipus de tocs de difunts. Vegem-ne, però, un extracte:

> Examinada la deposició del dit testimoni [...] de aquella no·s pot inferir culpa alguna contra lo dit Joan Adret, perquè lo dit testimoni diu que la dita certa persona digué que [...] lo dit Adret havia parlat de les campanes lo que·s conté en sa deposició [...] les dites paraules *secundum theologos* no són herètiques *nec sapiunt aliquam speciem heresis* perquè lo tocar de les campanes en respecte de tocar-les per los morts no és suffragi, com dit és, per a les ànimes de aquells per qui·s toquen.
>
> Car lo tocar de les campanes sols obra aquest effecte: que lo poble, oint-les sonar per mort algú, pregue per aquell. E diu encara que lo tocar de aquelles és differenciat, que per los hòmens se toquen certes veguades, e per les dones en altra manera, e per los capellans en altra manera. Y qualsevol veguada que·s toquen se fa *ut populus fiat pro quo sit orandum.* Y que açò sia ver ho té *principaliter* com està recitat [en] 'Lo racionale officiorum divinorum', in titulo 'De campanis' [...]
>
> Si, donchs, lo tocar de les campanes sols aprofita en incitar y moure aquells qui les hoen en dir "que bon pos haja lo mort" y dir alguna oració de aquell, lo profit que poria resultar no és *de per se*, sinó *per accidens* [...] Algunes veguades se esdevé que lo tocar les campanes causa que no sols *populus non orat pro mortuo*, però si lo tal mort era estat persona mala y de mala nosciència, los que houen tocar les campanes per tal mort dihuen "mal pos haja y los diables se n'enporten la sua ànima".
>
> De forma que les paraules contengudes en la deposició del dit testimoni no són ni·s poden dir en ninguna manera en lo món que sien herètiques ni sàpien a ninguna natura de heretgia [. . .] car, de ésser algú malcriat en lo parlar y dir alguna cosa que seria millor callar-la no pot ésser processat, que de tals processos no y ha ningú que se'n pogués apartar (AHN. Inq. 528, exp. 12, ff. 8r-9r).

Un altre capítol de l'acusació té a veure amb el fet d'intercanviar informació amb l'exterior de les presons. El document és interessant per a constatar l'enduriment que, amb el temps, es produí en les actuacions que s'havien de prendre perquè els presoners no intercanviassen informació amb l'exterior, però també perquè palesa la corrupció d'alguns oficials de la Inquisició. En aquest cas, el testimoni que afirmava l'enviament de cartes des de i cap a la cel·la de Joan Adret era el carceller Miquel Gomis, conegut per extorsionar els presoners, robar-los les coses de valor que els familiars dels presoners els hi enviaven, i extorsionar, també, els familiars perquè li pagassen diners a canvi de no tractar malament els presoners, fins que fou expulsat del Sant ofici i fugí a Saragossa, on inicià un negoci sucós que consistia en la falsificació de moneda, motiu pel qual hi havia estat detingut i condemnat.

La deposició del dit testimoni no conclou delicte algú, car, encara que al dia de huy y de alguns anys ensà, quant los parents de algun pres se troba que li faça algun albarà donant-li avís de alguna cosa se castigués rígidament, emperò ara trenta-hun anys los que tunch eren reverents inquisidors ab difficultat los ne reprenien, sinó vent que no se'n volien estar. E açò per una humanitat, vent que eren jermans, fills, muller o marit dels presos, e que la sanch los forçava. Y que també les leys escusen als tals que per sa sanch facen alguna cosa no lícita. Emperò los presos jamés són estats represos ni castigats de fer albarans. Y si en lo temps de vostra reverent paternitat se n'hy àn trobat alguns, també com a home de caritat s'i és hagut ab misericòrdia e humanament, e per ventura no·ls haurà castigat sinó de paraules [...]

E molta més rahó seria de punir e castigar al dit testimoni per lo que davall se dirà y perquè, segons sa deposició, encara qu·és certa que lo dit Joan Adret li feu una resposta molt fora propòsit, car si lo dit testimoni li digué que per res no tendria lo albarà amagat de no mostrar-lo als senyors inquisidors dient "què·m farien a mi?", e que lo dit Joan Adret li hauria respost "yo us faré tota la salva etc.", açò no és resposta, perquè lo dit Joan Adret, sabent-ho los dits senyors inquisidors, no li podia valer en cosa alguna. E passant més avant lo dit testimoni, anant tostemps a parapeu dient "si us ho demanen a vós los senyors inquisidors i us prenen ab jurament, què direu?", e açò perquè li respongués "encara que·m prenguen en sagrament, yo ho negaré". Y nostre Senyor y la Verge Maria no li han donat força que li allevàs fals testimoni que·l pogués perjudicar.

Car, si lo dit testimoni és hu que·s diu Gomis, carceller que era de aquest Sant Ofici e aprés scrivà del Secret, fora bé que, axí com mostrà lo dit albarà, que hagués mostrat molts altres albarans que·s tingué amagats dels presos que scrivien a ses cases dient que no·ls enviassen res de bo que Gomis s'ó prenia y·ls ho furtava tot. Y ha hagut pres que·l ne ha acusat y a la fi tant bé lo lançaren del Sant Offici y darrerament s'és fet moneder, posant-se a fer moneda falsa, y per exa causa és estat pres, o està encara, en la ciutat de Çaragoça (AHN. Inq. 528, exp. 12, ff. 16r-17r).

Sembla que se l'acusava d'algun afer més tèrbol, segurament d'algun assassinat comès molt de temps enrere. Almenys això podem intuir arran de l'escrit de la defensa, malgrat que no s'hi explica el cas concret. Per fas o per nefas, sembla que el crim, atès que no es tractava d'heretgia ni de lesa majestat, havent passat més de vint anys, hauria prescrit:

> la deposició del dit testimoni restarà *in totum* enervada y anichilada. Y és que lo dit testimoni diu en sa deposició que [l'afer] fonch en València pot haver trenta anys. E axí succedit, la deposició, de justícia, que fa lo jus *acusandi et denunciandi,* hon fos delicte lo que no és, lo fisch no poria denunciar perquè, de justícia, *acusatio contra homicidam, falsarum et contra quaecumque delinquentem tantum durat viginti annis,* puix no sia crim de heretgia, *lese majestatis,* parascidi y altres specials [...] E essent prescrit, *jus acusandi* és cert que lo fet del qual és acusat *non subjacet* a alguna pena o càstich, ans succehiria una regla qu·és *in criminalibus per omnis exceptio per quan factum,* o lo crim per lo qual algú és acusat *redditur inpunible,* com és lo cars nostre, que *obstat exceptio prescriptionis potest opponi.* (AHN. Inq. 528, exp. 12, ff.15r-15v)

Malgrat tot, el punt de l'acusació del fiscal que més ens interessa en aquest treball és el de llegir salms en català. Aquesta és la part, certament, més sucosa d'aquell escrit de defenses, tant que ens permet parlar de literatura religiosa, del circuit editorial i, també, de socio-lingüística. En aquest sentit, contra el testimoni que acusava Adret de llegir els salms en català, l'advocat defensor argumentava que el testimoni mentia, però que, a més, no l'acusava de res que es pogués considerar cap delicte:

> I quant a la deposició del setén testimoni, que diu que sab y veu que lo dit Joan Adret deya salmps de Davit en pla, e açò fonch en València pot haver dos anys, se diu e satisfà, ço és, que lo dit testimoni no l'acusa de cosa que sia crim ni delicte algú, ni de cosa que en res ni per res se pugua dir culpa, ultra que, *ut suppra* parlant, testifica de fals per ço com lo stil ni pràctica del dit Joan Adret no sia de dis psalms en pla, axí perquè no·ls sab com perquè no cahuen axí bé com en latí. (AHN. Inq. 528, exp. 12, f. 13v)

Notem ací una mostra, en aquelles primeres dècades del segle XVI, de diglòssia quant als usos del català, en aquell cas per comparació amb el llatí, una llengua, segons l'advocat d'Adret, molt més digna i dolça per a la recitació dels salms. Però, tot i això, l'advocat no s'estava d'insistir que ni la lectura ni la possessió de salteris en català no era cap crim d'heretgia, més encara tenint en compte l'èxit que tingué —i encara tenia— el *Salteri* de Corella, tant pel que fa a la seva venda i circulació per les botigues de València, com en allò referent a l'acceptació que va tindre entre teòlegs il·lustres. A més, la referència fa notar que quaranta anys després d'haver-se imprès el Salteri de Corella a Venècia, mentre jutjaven Adret, seguia venent-se relativa-ment bé a les llibreries de València:

> Y no acusant-lo de cosa que sia mala, que encara que y hagués mil testimonis contra aquell no pot ésser impetit ni vexat si u ha dit o no u ha dit. Y pot dir, *quod dixit Cristus in Passionem,* "si bene locutus sum,

cur me cedis" |"Si he parlat com cal, per què em pegues?" (Jn 18, 23)|. Car, si dir salms en pla no és culpa sinó virtut, perquè tots los theòlechs y tots los mestres en Theologia ho tenen per cosa bona y lícita y approvada per ells, car havent lo reverent mestre Corella aromançat lo Saltiri en pla, lo reverent bisbe Peris de Gràcia, que era singulat theòlech, y tots los altres theòlechs ho tingueren per singular obra, y així se emprentaren i·s veneren públicament per les botigues, y huy en dia n'i ha y·n venen molts (AHN. Inq. 528, exp. 12, ff. 13v-14r).

Però no es limitava la defensa d'Adret a parlar del *Salteri* de Corella, sinó que ampliava, en la seva argumentació, la legitimitat de llegir literatura religiosa en català:

E així mateix en totes les ores que·s venen en pla hi ha salms de Davit en pla, y moltes persones cathòliques y bons crestians ne tenen, y los de més, y tant bé que tots los segos oracioners los paguen y fan dir los *Set salms* y lo *Miserere* en pla. E açò, ultra qu·és molt notori, vostra reverent paternitat també ne pot fer pendre informació si la·n vol, així dels libres com dels oracioners. E si vol testimonis més promptes, los magnífichs doctors del Consell de aquest Sant Offici li·n faran tal relació com a bons crestians que són. Y essent així, com és ab tota veritat, ¿quina culpa se li pot applicar al dit Joan Adret de cosa que a les altres persones redunde en mèrit, y en fer-ne servey a Déu, y que en sa boca sia demèrit y deservey de la divina majestat? Er|r|aret clavis y seria fer leys generals per als altres y specials per al dit Joan Adret. Majorment que no és prohibit ni may ho és estat dis salms en pla. E si la Església los diu en llatí és perquè tots los officis són en latí y també que són més acceptes als oydors oyr-los en latí que no en pla, y no perquè no sia lícit dir-los en pla (AHN. Inq. 528, exp. 12, f. 14r).

Fins i tot argumentava l'advocat la legitimitat de llegir salms en català, àdhuc si aquests no hi tenien el *Gloria Patri*. A tal efecte recorria a l'autoritat de l'inquisidor mateix, ja que, durant la detenció d'una certa persona, li fou concedida l'oportunitat de llegir salms en romanç, i sense *Gloria Patri*, d'un *Salteri* antic que l'inquisidor li donà. Posteriorment, quan aquell presoner recobrà la llibertat, fou aconsellat per algú de no mantenir aquell *Salteri*. Aquella advertència es basava en la possibilitat que un altre inquisidor podria acusar-lo en el futur i que, sense el testimoni de l'actual autoritat inquisitorial, podria veure's immers en una situació compromesa.

> Encara se mostrarà més, que lo dit Joan Adret no és en culpa alguna en lo món si vostra reverent paternitat se recorda que, estant presa certa persona en los carcres del dit Sant Offici li dix que li fes donar ses ores per a dir ses devocions, e no trobant-se, vostra reverència li donà o feu donar hun saltiri en pla que no y |tenia| Gloria Patri, y no dels de mestre Corella, sinó prou antich y molt differenciat, y vent aquell lo dit Salteri que no y havia Glora Patri, estigué repropiant y digué a vostra reverent paternitat: «Senyor, en aquesl Saltiri no y ha Gloria Patri, ¿Com lo·m donau?», e diu que per vos, senyor, li fonch respost tals o semblants paraules, en effecte: «Anda, que no haze nada que haya o no haya Gloria Patri». E axí tingué lo dit Saltiri durant el temps de les sues presons. E libertat que fonch, tenint lo dit Saltiri en les mans, parlant-ne ab certa persona a cars del que havia passat ab vostra reverència per lo dit Saltiri, la dita certa persona li dix: «Tot lo que lo senyor inquisidor vos ha dit és més que ben dit, però yo us aconselle que vós, per res, no tingau tal Saltiri, perquè encara que ell sia persona molt reverent y no vaja sinó ab la veritat, però, poria ésser que vingués altre inquisidor y, acusant-vos-ne, si no us podien ajudar del testimoni de sa paternitat, per ésser absent o no recordar-se'n, vos ne poríeu veure en necessitat». E axí diu que l'à restituït dit Saltiri. (AHN. Inq. 528, exp. 12, ff. 14r-14v)

Encara capficat en la defensa de la idoneïtat de llegir literatura religiosa en català, l'advocat defensor evidenciava l'ús de llibres com el *Salteri* com a material escolar, per a aprendre a llegir, o, almenys en el cas de la presonera en qüestió, per no oblidar el poc que sabia llegir aquella dona.

E també essent presa certa persona dix a hun official del dit Sant Offici que li donaria diners e que li compràs huns *Set psalms* en pla perquè no li oblidàs lo poch que legir sabia, e lo dit official li dix: «No faré yo tal cosa, que ses reverents no m'o manen», e la persona presa li dix tals o semblants paraules: «O feu lo que vullau, o digau-los-ho». E anant-se'n, poch instant aprés se'n tornà. E dix: «Comadre, saca dinero», e anà e comprà los dits set psalms y los hi portà e tingué aquells en la presó durant lo temps de la sua captura. (AHN. Inq. 528, exp. 12, ff. 14v-15r)

Tenint tot això en compte, segons l'advocat, si l'inquisidor consentia que els presoners llegissen salms en català i sense *Gloria Patri*, Joan Adret no podia tenir cap culpa. Perquè si algú l'acusava de fer-ho, fet que, tanmateix, negava insistentment, equivaldria a afirmar que Adret no feia més que realitzar pràctiques religioses lícites i permeses, tant pels teòlegs com per l'inquisidor mateix. A més, per demostrar que els salms de David es recitaven de manera pública en català, explicava el cas d'un monjo de Sant Agustí, frare Merita, que en recomanava la lectura a una feligresa:

Si, donchs, vostra reverent paternitat, qui és prepositus dels que és mal fet, permet y consent que los que estan presos per la fe diguen salms en pla i·ls fa donar saltiri sens Gloria Patri perquè·ls diguen, ¿in quo erit culpandus Joan Adret? Si l'acusen que deya salms en pla, quant fos ver lo que expressament ha negat y nega, seria sinó dir lo que tot lo món diu, y coses lícites y permeses per los theòlechs y per vostra reverent paternitat. Y perquè·s veja que dels salms de Davit en pla també se n'ampren los religiosos, porà haver informació de un frare de Sant Agostí, que·s diu frare Merita, qui donava a una senyora quatre salms de Davit en pla que tenia per a fer certes devocions, dient que tenien molta virtut. De manera que vós, senyor inquisidor, no haveu de donar loch que lo dit Joan Adret, quant ho hagués dit, lo que tostemps negua, que per tal acusació sia detengut en presó. E axí és ver e fundat a justicia. (AHN. Inq. 528, exp. 12, f. 15r)

En aquell procés, Joan Adret va estar empastifat vuit anys, fins que fou reconciliat al si de l'Església en 1528, i es deslliurà, per quarta vegada, de morir a la foguera. Sovintejar tant la sala de l'audiència del Tribunal de la Inquisició i evitar tantes vegades la pena capital no era habitual, però tenint en compte que, igual que a son pare, la majoria dels testimonis l'acusaven d'oïdes, i coneixent, també, els garants que acudiren en la seva defensa, tampoc no ens hauria d'estranyar aquest fet.

4. Conclusions

L'escrit de les defenses de Joan Adret, per tant, ens proporciona informació valuosa sobre qüestions de religiositat, cultura popular i costums dins d'un entorn familiar convers. A més, ofereix referències significatives sobre la circulació de manuscrits i llibres impresos d'oracioners, llibres d'hores i salteris. Cal destacar que també podem extreure d'aquest document informació d'interès per a la sociolingüística, ja que s'observen clares mostres de diglòssia en relació amb les preferències lingüístiques dels textos religiosos. Aquest text constitueix una peça més dins d'un treball de recopilació de documentació que estem iniciant, i que pretén d'identificar fragments rellevants que ens ajuden a ampliar i contextualitzar més els estudis sobre l'època moderna, el circuit editorial i els usos sociolingüístics del català, així com per a l'estudi de les mentalitats, entre altres qüestions.

Referències

Bordes, J. (2017). Salomó Saporta: un mercader judío ante la Inquisición valenciana. *Sefarad: Revista de Estudios Hebraicos y Sefardíes, 77*(2), 353-374. https://doi.org/10.3989/sefarad.017.012

Cariñena, R. i Díaz, A. (1994). La colonia genovesa en Valencia durante la Guerra Civil catalana: el ecuestro de sus bienes en 1472. *Anuario de estudios medievales, 24,* 131-154. https://doi.org/10.3989/aem.1994.v24.968

Comas, M. (2012). Les dones soles a la Baixa Edat Mitjana: una lectura sobre la viduïtat [Tesi doctoral, Universitat de Barcelona]. http://hdl.handle.net/10803/82146

Cruselles, E. (2019). *Fortuna y expolio de una banca medieval: la familia Roís de Valencia.* Publicacions de la Universitat de València.

Cruselles, J. M., Cruselles, E. i Bordes, J. (2015). *Conversos de la ciudad de Valencia. El censo inquisitorial de 1506.* Institució Alfons el Magnànim.

García Cárcel, R. (1976). *Orígenes de la Inquisición española. El Tribunal de Valencia, 1478-1530.* Península.

García Cárcel, R. (1975-76). Las rentas de la Inquisición de Valencia en el siglo XVI. *Anuario de historia moderna y contemporánea, 2-3,* 57-68.

Hinojosa, J. (1997). Los conversos de judío valencianos en el siglo XV: entre el desarraigo y la asimilación. En I. Montes Romero-Camacho, A. C. García Martínez y M. González Jiménez (Coords.). *La Península Ibérica en la era de los descubrimientos (1391-1492)* (pp. 69-98). Junta de Andalucía.

Igual, D. (1992). Valencia y Sevilla en el sistema económico genovés de finales del siglo XV. *Revista d'historia medieval, 3,* 79-116.

Igual, D. (2016). Los Pintor, cambistas valencianos (1473-1488): una aproximación al significado de los rasgos informales de la economía. En P. Iradier, G. Navarro i D. Igual, C. Villanueva (Eds.), *Identidades urbanas Corona de Aragón - Italia* (pp. 75-92). Universidad de Zaragoza.

Kriegel, M. (1998). Le parcours de Juan Luis Vives: du milieu judaïsant à l'option érasmienne. *Revue de l'histoire des religions, 215*(2), 249-281. https://doi.org/10.3406/rhr.1998.1141

Ventura, J. (1976). Inquisició espanyola i conversos valencians. En *I Congrés d'Història del País Valencià, 1971* (Vol. III, pp. 58-64). Universitat de València.

Ventura, J. (1978). *Inquisició espanyola i cultura renaixentista al País valencià.* Eliseu Climent editor.

Analizando las voces del alumnado con necesidades específicas de apoyo educativo. Un estudio de caso

Ana Patricio Martínez

Universidad de Huelva. España

Abstract: The experiences of the students on some school issues are essential in school research for the implementation of improvements in schools. The aim of this study is to know the educational care that is currently being offered to students with Special Educational Needs in a public primary school, located in the province of Huelva. The methodology followed is of a qualitative nature and is based on a biographical-narrative method that allows "giving voice" to children and young people, to emphasize their own experience. Within the biographical-narrative methodology, this research opts for the study of a specific case. The instruments used for data collection are, specifically, participant observations and interviews with the center's management team, its counselor, teachers, and the students with disabilities. The results highlight that the "voices" of the students with NEAE in this center reflect their preference to assist in the Special Need's Room and the positive and negative points of educational inclusion. The main conclusions highlight the need to give a real meaning to the principle of inclusion, to improve inclusive practices and to modify some methodologies.

Keywords: Inclusion, Opinions, Students, Diversity, School.

1. Introducción

Hace tres décadas, la educación inclusiva irrumpió en la agenda educativa global produciendo que los sistemas educativos mundiales fuesen revisados en torno a sus principios pedagógicos (Cobeñas, 2020). Sin embargo, ha sido en los últimos 30 años, cuando se han realizado importantes esfuerzos para fomentar el desarrollo de la educación inclusiva.

Esta pedagogía que surge en la década de los 90 pone énfasis en que la escuela debe dar respuesta a la diversidad consiguiendo responder a las necesidades de todo el alumnado, y no obligando a los/as alumnos/as a adaptarse al sistema. Implica transformar la cultura, las políticas y las prácticas de las escuelas, lo que supone un gran desafío para todos los/as profesionales que se dedican al mundo de la educación (López-Melero, 2012). Por estos motivos, tal y como afirman Sandoval *et al.* (2020), entender la inclusión educativa plantea la necesidad de introducir cambios y mejoras analizando el proceso de construcción de la misma desde una mirada experta y conociendo la dimensión personal del propio alumnado.

En estos casos, interesa promover un modelo de investigación que proporcione la oportunidad de pensar la inclusión y la exclusión más allá de las fronteras disciplinares que tradicionalmente la han enmarcado y, esta opción supone abrir espacios que favorezcan el diálogo de colectivos que habitualmente no han sido tomados en consideración (el del alumnado con Necesidades Específicas de Apoyo Educativo) (Ocampo, 2019).

Este conjunto de recursos humanos, el de los propios niños/as y jóvenes, ha sido habitualmente pasado por alto y es este hecho el que nos lleva a preguntar: ¿qué roles puede asumir el alumnado con NEAE en las escuelas para conducir a la mejora de la enseñanza y el aprendizaje en las aulas? (Messiou y Ainscow, 2021). En este artículo, analizamos las voces de los/as alumnos/as con NEAE de un centro de Huelva, con el fin de conocer sus propias opiniones y experiencias acerca de sus trayectorias educativas; trayectorias que han estado marcadas por maestros/as de Pedagogía Terapéutica, Audición y Lenguaje . . . Únicamente, de esta forma, posteriormente, se podrán proporcionar mejoras que promuevan una inclusión educativa real.

2. Revisión de la literatura

La educación inclusiva es, en estos momentos, una de las principales prioridades en las políticas educativas internacionales (Sandoval *et al.*, 2020; Muntaner *et al.*, 2016). Actualmente, son muchos los autores/as que luchan, desde que se desarrollara la Declaración de Salamanca en 1994, para promover políticas que favorezcan una escuela para todos y una respuesta adecuada a todo el alumnado (UNESCO, 1994).

La UNESCO (2021) remarca que el objetivo de la inclusión es reformar los sistemas educativos, consiguiendo que todas las escuelas ordinarias puedan adquirir la capacidad de educar a todos los niños y niñas de sus comunidades locales. Además, el Index for inclusion (Booth y Ainscow, 2011, p. 15) nos habla de una serie de valores inclusivos que deben estar impregnados en los centros escolares que quieran desarrollar la inclusión escolar. Por estas razones, la denominada educación inclusiva ha pasado de ser un discurso minoritario a ser un tema de debate en la retórica de las políticas oficiales y también de no pocos investigadores que se venían declarando reacios a la inclusión educativa (Susinos, 2012).

Hoy en día, son muchos/as los niños/as con NEAE que se encuentran recibiendo una enseñanza inclusiva dentro de las aulas ordinarias con el propósito de desarrollar al máximo todas sus capacidades.

En este sentido, uno de los aspectos más importantes es dilucidar si el trabajo que realizan los/as docentes o los/as investigadores/as está contribuyendo a dar un sentido real a este principio de inclusión en el que todos/as han de tener el derecho de participar, o, por el contrario, fomenta la pasividad y la dependencia (De Haro *et al.*, 2019).

Sin embargo, ¿cómo se podría evidenciar que el trabajo que realizan los docentes está contribuyendo a dar un sentido real al principio de inclusión? Si consideramos que la investigación inclusiva supone cambios importantes no solo en la forma en la que concebimos la investigación y sus objetivos de estudio, sino también en los procedimientos que se utilizan para alcanzarlos y en las relaciones que se establecen entre los participantes del estudio llegamos a la conclusión de que la investigación inclusiva no puede desarrollarse de espaldas a las voces o necesidades de aquellos/as cuyas vidas están siendo estudiadas (Parrilla, 2010).

La teoría inclusiva debe extenderse a todos aquellos colectivos o personas individuales para quienes la participación y el sentido de pertenencia a las distintas instituciones sociales se ha visto limitado o suspendido (Echeita *et al.*, 2019). A pesar de ello, encontramos que los discursos sobre la inclusión no siempre son capaces de desligarse de su origen y, para mejorar estos procesos, diversas investigaciones se han orientado a escuchar las voces del alumnado con alguna necesidad (Zeegers y Elliott, 2019).

Sandoval (2011) expone que, la participación activa del alumnado en los centros educativos es un elemento esencial para conocer el funcionamiento de las escuelas y es uno de los rasgos que definen una escuela eficaz, ya que las visiones de los/as niños/as sobre los asuntos que les afectan: currículo, enseñanza, espacios escolares, etc., resultan esenciales en la construcción de las escuelas democráticas. Susinos (2012) también señala que, la inclusión educativa debe poner en un lugar principal la necesidad de dar voz y conocer los intereses, opiniones y sensaciones de todas las voces silenciadas, entre las que encontramos al propio alumnado con Necesidades Específicas de Apoyo Educativo.

En este punto, se considera necesario señalar que son varios los autores, que preocupados por establecer un marco de referencia y apoyo al movimiento de «La Voz del Alumnado», reconocen en la «Convención de las Naciones Unidas sobre los Derechos del niño» (1989) el punto de partida que nos permite legitimar el derecho de los y las jóvenes a hablar sobre sus experiencias y a ser oídos. Sin embargo, escuchar las voces de nuestro alumnado con necesidades específicas de apoyo educativo no es simplemente ofrecer una oportunidad para que éstos puedan comunicar sus ideas y opiniones, sino ser conscientes del papel que pueden tener a la hora de contribuir a los cambios educativos (Sandoval, 2011).

Hasta el momento, como señalan Sandoval *et al.* (2020), contamos con muchas experiencias en las que las voces de los estudiantes se convierten en un impulso para el cambio y la mejora en las escuelas tanto fuera de nuestras fronteras (Gunter y Thomson, 2007), como también en nuestro país (Susinos *et al.*, 2019). No obstante, se considera importante señalar que en muchas de estas escuelas las experiencias en la que los/as alumnos/as pueden hacerse oír apenas tienen un impacto en el centro porque no son compartidas con el resto de profesores/as, profesionales y alumnos/as (y más aún cuando se trata de alumnado con necesidades). De ahí que lo principal sea aclarar el objetivo con el que el alumnado debe participar en la vida del centro ya que, la mayoría de investigaciones educativas se han limitado a contemplar a los/as estudiantes como fuentes de datos que dejan su impronta en publicaciones e informes de investigación (Sandoval *et al.*, 2010).

La cuestión llegados a este punto es que estas iniciativas tendrán que resolver cómo hacer posible que se escuchen las diferentes voces (ya que existen pocos estudios que contemplen la participación del alumnado con NEAE) y que, verdaderamente, se incorporen a la vida diaria del centro. En nuestro país, por ejemplo, la participación de los estudiantes se relaciona, principalmente, con la participación del alumnado en consejos escolares y con la creación de representantes estudiantiles de aula o centro (delegados/as). Así, para Smyth (2007), sería necesario lanzar al alumnado cuestiones relacionadas con ámbitos amplios como la cultura escolar, la pedagogía, la enseñanza, el aprendizaje y la estructura escolar.

En el caso del alumnado con NEAE, sería necesario que se consultasen todos estos aspectos, adaptando los métodos de recogida de la información. Teniendo en cuenta todos estos aspectos, esta investigación tiene la finalidad de conocer las voces del alumnado con NEAE de un centro educativo. Conocer los sentimientos, opiniones y sensaciones de los protagonistas permitirá la posibilidad de mejorar en un futuro próximo.

3. Método

El enfoque metodológico de la presente investigación tiene un carácter cualitativo, siendo propio de un estudio que pretende explorar y comprender los fenómenos de una persona o grupo de personas, en este caso del alumnado con Necesidades Específicas de Apoyo Educativo (NEAE) de un centro de la provincia de Huelva. En concreto, se va a optar por una metodología cualitativa de tipo etnográfico: el método biográfico-narrativo, acercándonos así a la realidad existente de una unidad social o caso, la de un centro educativo de Educación Infantil y Primaria en el que reciben enseñanza un amplio número de alumnado con NEAE. Así, mediante la etnografía se ha realizado una descripción analítica de carácter interpretativo de las experiencias, vivencias y opiniones del alumnado con NEAE de este centro educativo para, posteriormente poder analizar de esta forma sus voces en relación con el apoyo recibido.

El objetivo principal del estudio es conocer las voces del alumnado con Necesidades Específicas de Apoyo Educativo (NEAE) de un centro educativo de la provincia de Huelva, con el fin de mejorar la atención de estos niños y niñas. Sobre la base de este objetivo principal, se plantean los siguientes específicos:

1. Identificar y analizar la organización espacio temporal del apoyo recibido.
2. Analizar del apoyo recibido dentro de sus Aulas Ordinarias: la metodología, recursos empleados y actividades realizadas.
3. Analizar del apoyo recibido dentro de las Aulas de Apoyo a la Integración: la metodología, recursos empleados y actividades realizadas.
4. Conocer y describir de qué forma se realiza la evaluación de este alumnado.
5. Conocer cómo es la formación del profesorado en atención a la diversidad y las coordinaciones que realizan.
6. Analizar la relación de este alumnado con sus profesores/as y sus compañeros/as.

3.1. Diseño de la investigación

Las fases en las que se ha desarrollado este estudio de investigación se concretan en cuatro periodos o etapas: una fase preparatoria, una fase de trabajo de campo, una fase analítica y una fase informativa. No obstante, los diferentes momentos del estudio nunca suceden de manera lineal puesto que el producto de una fase puede retroalimentar también a la fase anterior. En cada una de las fases se han realizado las siguientes tareas indicadas por Rodríguez *et al.* (1996).

1. Fase preparatoria: en la primera fase se determinó el objeto de estudio y se realizó una revisión de la literatura científica. En este caso, la investigadora, maestra de profesión, reflexionó sobre un problema que le inquietaba de la realidad en la que trabajaba. Además, se planteó el tipo de diseño que se ajustaba más a la investigación (la metodología cualitativa) y los instrumentos que se utilizarían para la recogida de los datos (observaciones participantes y entrevistas semiestructuradas). Además, se realizó el proceso de selección del caso concreto.

2. Fase trabajo de campo: se accedió al centro en concreto y se pusieron en marcha los instrumentos seleccionados. La recogida de la información permitió ir dirigiendo el foco de atención hacia una información progresivamente más específica.
3. Fase analítica: se analizó la información obtenida a través del sistema de categorías señalado. Para analizar la información se empleó el programa Atlas.ti.
4. Fase informativa: se presentaron las conclusiones finales del estudio, las nuevas perspectivas y las líneas de futuro respecto a la investigación.

3.2. Participantes

El centro, en el que se realiza el estudio, es un centro de compensatoria con gran diversidad cultural, que se sitúa en la provincia de Huelva. El centro se encuentra en la zona menos desarrollada de la localidad, y el contexto del mismo es de nivel socioeconómico bajo.

Concretamente, el centro cuenta en la mayoría de sus cursos con 2 líneas y aproximadamente con 400 alumnos/as. Además, cuenta con 2 profesionales de Pedagogía Terapéutica entre la plantilla del profesorado. Este centro ha sido seleccionado para realizar el estudio por considerarse un centro con las siguientes características:

1. Centro de compensatoria.
2. Alumnado de diferentes culturas.
3. Alto porcentaje de alumnado con Necesidades Específicas de Apoyo Educativo.
4. Variedad de recursos personales y materiales.
5. Posibilidad total de acceder al campo.
6. Compatibilidad con la labor profesional de la investigadora.

Dentro del centro, el estudio se realizará para conocer las voces de 40 alumnos y alumnas con Necesidades Específicas de Apoyo Educativo escolarizados en los cursos comprendidos entre 3 años de Educación Infantil y 6º de Educación Primaria.

3.3. Instrumentos

Para alcanzar los objetivos planteados en este trabajo de investigación se recopilaron datos a través de dos instrumentos: *la observación participante y la entrevista semiestructurada*. Se han seleccionado estos dos instrumentos para poder contrastar los datos obtenidos y así dar fiabilidad y validez al estudio de caso.

Con el primer instrumento se han observado un total de 95 situaciones diferentes. En primer lugar, se realizaron 45 observaciones participantes en las Aulas Ordinarias del centro educativo. En estas observaciones (realizadas por la maestra de Pedagogía Terapéutica) se hizo uso de una escala de observación en la que se contemplaban ítems como: situación del alumno/a dentro del grupo-clase, área en la que se realiza el apoyo, metodología que se pone en marcha con el alumnado o recursos materiales que se emplean.

En segundo lugar, se llevaron a cabo 35 observaciones participantes en el Aula de Apoyo, con el fin de conocer los distintos tipos de agrupamientos del aula, los horarios del alumnado o las tareas y materiales que se utilizaban. Por último, se realizaron 15 observaciones participantes en el tiempo de recreo.

Estas observaciones se han citado en el análisis de resultados con las palabras: registro observacional, seguido del lugar en el que se realiza, las iniciales del alumnado al que se destina y el número de observación que corresponda (Ejemplo: Registro observacional Aula Ordinaria 2ºA, K,R y JM,D número 3).

Con el segundo instrumento (la entrevista semiestructurada), se consiguió dar sentido a las respuestas recolectadas a través de las observaciones, ya que es una herramienta que consigue que el investigador obtenga una información más completa y profunda (Rodríguez y Pino, 2019).

En esta investigación, la selección de los entrevistados se ha basado en el objetivo de estudio de la misma. Teniendo en cuenta que la finalidad del estudio es conocer las voces del alumnado con NEAE en relación con el apoyo recibido, se consideró necesario realizar entrevistas a distintos grupos de personas.

En primer lugar, se entrevistó a un miembro del Equipo Directivo y a la Orientadora del centro con el fin de conocer algunos aspectos de la escuela: cómo se recoge la atención a la diversidad en los documentos, qué metodología se utiliza en las aulas, cómo son las relaciones del alumnado . . . En segundo lugar, se entrevistó a dos tutores/as del alumnado (de dos cursos consecutivos), a la otra maestra de Pedagogía Terapéutica del centro y a la maestra de Audición y Lenguaje y, por último, se entrevistó al alumnado con NEAE del centro. Las entrevistas serán citadas en el análisis de resultados con la palabra entrevista, el/la profesional del que se trate y el número de página (Ejemplo: Entrevista Maestra AL, p. 3). En concreto se realizaron un total de 55 entrevistas.

Tanto las entrevistas como las observaciones fueron validadas a través de un juicio de expertos. Este juicio de expertos permitió verificar ambos aspectos de una investigación, mediante la opinión de personas que son reconocidas como expertos cualificados en el tema que compete, y que pueden dar información, evidencia, juicios y valoraciones. En este caso, ambos instrumentos (observaciones y entrevistas) fueron valorados y validados por expertos en atención a la diversidad, metodología cualitativa y orientación educativa. En esta validación se evaluaron aspectos como: su relevancia, su coherencia o la claridad con la que se encontraba expresado el instrumento.

3.4. Análisis de datos

En la elección del procedimiento de elaboración de las categorías, se ha llevado a cabo un proceso que no es propiamente inductivo ni deductivo. En el caso de esta investigación se ha utilizado, como señalan Rodríguez et al. (1996), un proceso de «codificación recurrente» en el que no se contaba inicialmente con una lista estandarizada, pero tampoco las categorías fueron surgiendo de cero. En este caso, se ha partido de unos «dominios básicos», a partir de los cuales, de forma inductiva, se han ido desarrollando las categorías, que surgían de los objetivos propios de la investigación, de la revisión de la literatura y de otras investigaciones. De este modo, se ha llegado al siguiente sistema categorial, formado por siete grandes categorías que a su vez se dividen en subcategorías.

Tabla 1. Categorías y subcategorías del estudio

CATEGORÍAS	SUBCATEGORÍAS	OBJETIVOS CON LOS QUE SE RELACIONAN
ORGANIZACIÓN ESPACIO-TEMPORAL DEL APOYO	Organización espacial	1
	Organización temporal	
PROGRAMACIÓN DEL AULA ORDINARIA	Objetivos y contenidos	2 y 4
	Metodología	
	Actividades y tareas	
	Recursos materiales y personales	
	Evaluación	
PROGRAMACIÓN DEL AULA DE APOYO	Objetivos y contenidos	3 y 4
	Metodología	
	Actividades y tareas	
	Recursos materiales y personales	
	Evaluación	
COORDINACIONES	Coordinación con otros profesores/as del centro	5
	Coordinación con las familias	
	Coordinación con otros agentes externos (psicólogos, profesores particulares . . .)	
FORMACIÓN	Formación del profesorado	5
RELACIONES DEL ALUMNADO CON NEAE	Relación del alumnado con NEAE con sus compañeros/as	6
	Relación del alumnado con NEAE con sus maestros/as	

Fuente. Elaboración propia.

Para comprobar si el sistema categorial utilizado era eficaz, se realizó una codificación de la información con la ayuda que ofrece el software de análisis cualitativo conocido con el nombre ATLAS.ti, utilizando la versión 8.2.3 (2018). Una vez realizada la codificación de la información se pasó al análisis y descripción de los resultados.

4. Resultados

Este estudio tiene como objetivo principal «conocer las voces del alumnado con Necesidades Específicas de Apoyo Educativo (NEAE) de un centro educativo de la provincia de Huelva». Se considera que la relevancia del mismo radica en que describe y analiza la atención recibida desde la perspectiva del propio alumnado con NEAE. La presentación de los resultados de nuestro estudio se organiza en función de las categorías y subcategorías establecidas.

• **La educación inclusiva en la organización espacio-temporal**
En la mayoría de las observaciones realizadas en este centro educativo se ha podido comprobar que el apoyo que se lleva a cabo al alumnado con NEAE se realiza de forma compartida entre las Aulas Ordinarias y el Aula de Apoyo a la integración (Registros Observacionales Aulas Ordinarias, números 1, 2 y 3 y Registros Observaciones Aula de Apoyo, números 1,2 y 3). No obstante, se considera necesario señalar que las profesionales de Pedagogía Terapéutica «priorizan (siempre que es posible) la atención dentro de las aulas ordinarias» (Entrevista Maestra PT, p. 1).

Dentro de estas aulas ordinarias, lo más reseñable es que, en la mayoría de ellas, la distribución de las mesas es mayoritariamente en grupo, situando al alumnado con NEAE en uno de ellos. Sin embargo, en algunas tutorías el alumno/a con necesidades se encuentra situado de forma individual cerca del maestro/a o recibe el apoyo en una esquina del aula. La organización espacial interfiere indudablemente en el desarrollo de la inclusión educativa. En estas aulas ordinarias, la atención de las profesionales de PT se realiza normalmente en 3 o 4 sesiones a cada alumno/a (de las cuales dos tienden a ser dentro de las aulas ordinarias).

De lo contrario, en el Aula de Apoyo a la integración, existe una gran diferencia con la organización espacio-temporal del apoyo: el espacio se encuentra organizado por rincones; existe un rincón de la informática, un rincón de estimulación y juego, un rincón de trabajo en mesa . . . (Registro Observación Aula de Apoyo, número 5). Además, el alumnado reconoce que, en este espacio, todos los/as alumnos/as se sitúan en grupo: «Me gusta estar en el Aula de Apoyo porque estamos todos juntos y trabajamos en grupo». (Entrevista alumna AT, p. 4). Los agrupamientos del Aula de Apoyo tienen en cuenta características como: necesidades del alumnado, edad o grupo de referencia: «En el Aula de Apoyo estamos niños y niñas de mi clase (3º) y del otro 3º del colegio» (Entrevista alumno KC, p. 6).

Estos aspectos muestran la clara tendencia del alumnado con NEAE a elegir el Aula de Apoyo a la Integración frente a las Aulas Ordinarias a la hora de recibir el apoyo por parte de las maestras de Pedagogía Terapéutica.

- **El currículum inclusivo en las Aulas Ordinarias y en el Aula de Apoyo a la Integración**

La mayoría de alumnado con NEAE del centro reconocen que, dentro de las Aulas Ordinarias, la metodología suele ser tradicional, las actividades que se realizan tienden a ser las que se encuentran en los libros y en muchas ocasiones hay actividades en grupo que no pueden realizar. En estas aulas, el alumnado con NEAE cuentan con un material adaptado que les permite trabajar los mismos contenidos que el resto de compañeros/as, a un nivel más bajo «Yo no tengo el mismo material, aunque me gustaría, pero sí trabajo lo mismo que mis compañeros: lectura, cálculo . . . » (Entrevista alumno JZ, p. 4).

Además, estos niños/as cuentan con material fungible para trabajar aspectos básicos como lectoescritura o lógica-matemática.

Sin embargo, el alumnado con necesidades reconoce que, en el Aula de Apoyo, se destina el tiempo a trabajar contenidos a través de actividades más divertidas, tareas en grupo... y para la realización de las actividades se cuenta con recursos manipulativos y tecnológicos «A mí me gusta mucho ir al Aula de apoyo. Me gustaría bajar más horas porque es divertido y hay muchos materiales» (Entrevista alumna TJ, p. 3). Asimismo, señalan que, en el Aula de apoyo se sienten más cómodos y relajados «Abajo, en el Aula de Apoyo se siente mucha tranquilidad» (Entrevista alumna DS, p. 3).

La utilización de una metodología diferente y, la puesta en marcha de actividades más divertidas con materiales más atractivos consigue que el alumnado con NEAE prefiera el Aula de Apoyo a la Integración. Este aspecto nos invita a reflexionar sobre la necesidad de modificar la programación y la metodología de las Aulas Ordinarias, aunque juegan un papel importante: la diferencia entre el número de alumnos/as de un espacio y otro; y los distintos niveles de competencia curricular.

- **La importancia de la formación y la coordinación del profesorado en la educación inclusiva**

En la mayoría de entrevistas realizadas en el estudio se ha comprobado que «existe poca formación del profesorado del centro relacionada con atención a la diversidad» (Entrevista Maestra PT, p. 3; Entrevista Tutor 1, p. 2; y Entrevista Tutor 2, p. 2). En estos dos cursos escolares, ningún docente (a excepción de las maestras de PT y AL) ha realizado un curso sobre inclusión, metodologías para alumnado con NEAE o recursos para atender a la diversidad.

Que ningún docente se haya formado en atención a la diversidad (a excepción de las especialistas) evoca que la mayoría de docentes del centro presentan otras inquietudes en cuanto a formación y, que la atención a la diversidad queda relegada a un segundo plano. Como consecuencia, la atención del alumnado con NEAE suele ser tarea de los/as especialistas y los/as tutores/as no cuentan (en la mayoría de los casos) con las herramientas necesarias para utilizar metodologías inclusivas, poner en marcha actividades que incluyan a todos los/as alumnos/as o evaluar ajustándose a las necesidades de cada niño/a.

Aunque el profesorado mantiene coordinaciones continuas con las profesionales de PT y AL, la escasa formación del profesorado en atención a la diversidad vuelve a reafirmar la clara predilección del alumnado con NEAE a estar en el Aula de Apoyo o a contar con sus maestras de PT.

- **Las relaciones del alumnado con NEAE en un ambiente inclusivo**

Las relaciones del alumnado con NEAE nos indican la verdadera existencia de un ambiente inclusivo. En el día a día, este alumnado, se relaciona con diferentes maestros y maestras y, con un gran número de compañeros/as. En este estudio, el alumnado con NEAE señala que mantiene un trato más cercano con las profesionales de Pedagogía Terapéutica del centro. Este trato más cercano suele ser consecuencia del clima y la proximidad que se da en las sesiones realizadas en el Aula de Apoyo a la Integración (Registro Observacional Aula de Apoyo, números 10 y 12). Además, muchos de los/as alumnos/as tienden a sentirse infravalorados por otros docentes del centro. «Si tuviera algún problema se lo contaría a la maestra de PT» (Entrevista alumna EG, p. 8).

En cuanto al trato que mantienen con el resto de compañeros y compañeras; se considera necesario destacar que, en algunas observaciones realizadas en el recreo (Registro Observacional Recreo, número 5 y 8) se comprueba que el alumnado con NEAE se relaciona con otros/as alumnos/as con necesidades, o con alumnos/as más pequeños del centro. «En el recreo juego con K.C y D.S, que son los niños con los que estoy en el Aula de Apoyo. El año pasado también jugaba con ellos» (Entrevista alumno MAT, p. 6). Este aspecto evidencia que, en muchos casos, el alumnado con NEAE no se encuentra verdaderamente incluido dentro de sus Aulas Ordinarias y prefiere pasar su tiempo de ocio con compañeros que asisten al Aula de Apoyo.

5. Discusión y conclusiones

El objetivo principal de esta investigación fue conocer las voces del alumnado con Necesidades Específicas de Apoyo Educativo (NEAE) de un centro educativo de la provincia de Huelva, con el fin de mejorar la atención de estos niños y niñas. Los resultados encontrados, sin generar grandes sorpresas, han mostrado que, aunque el apoyo realizado por las maestras de Pedagogía Terapéutica del centro es compartido entre las Aulas Ordinarias y el Aula de Apoyo a la Integración, la mayoría del alumnado de nuestro estudio tiene una clara predilección hacia el uso del Aula de Apoyo a la Integración.

Coincidimos con autores como Cook-Sather (2014) en que estas experiencias de los jóvenes en las que se decantan por el Aula de Apoyo deben ser utilizadas para reflexionar sobre ciertas prácticas habituales en las escuelas y para promover, consiguientemente, mejoras educativas, principalmente, en las Aulas Ordinarias. En primer lugar, se debe comenzar por una mejora en la organización del espacio; promoviendo una organización similar a la de las Aulas de Apoyo donde la distribución por rincones facilita el acceso de todos los/as chicos/as y, en especial, del alumnado con Necesidades Educativas Especiales.

En segundo lugar, se debe repensar la metodología utilizada dentro de las Aulas Ordinarias donde las enseñanzas son más rutinarias y tradicionales que en las Aulas de Apoyo a la Integración, en las que se tienen en cuenta principios como la motivación, la cercanía a los intereses del alumnado o la socialización. Por esta razón, coincidimos con aquellos/as investigadores/as que indican la necesidad de transformar la cultura de la escuela y reconocen que determinados docentes deben tratar de superar algunos modelos que conciben a los estudiantes como meros receptores. La organización escolar precisa de ser repensada a partir de un proceso reflexivo llevando a una mejora en la metodología (Susinos *et al.*, 2019).

El trabajo en equipo y la colaboración con sus compañeros/as son considerados, por ejemplo, dos puntos claves y positivos para todo el alumnado con NEAE. Esta afirmación concluye la necesidad de realizar dentro de las Aulas Ordinarias diferentes actividades y tareas que precisen de la participación y la comunicación de todo el alumnado (incluido el alumnado con NEAE que en ocasiones es excluido). La enseñanza cooperativa, los grupos flexibles y el apoyo entre iguales favorecen la participación, las relaciones personales y el respeto mutuo (Barrio de la Puente, 2009). La diversidad y la diferencia de cada individuo en un equipo colaborativo resulta en una sinergia creativa que los miembros no podrían lograr individualmente.

Algo similar debe suceder con la evaluación de este tipo de alumnado, que en el día a día, tienden a trabajar contenidos diferentes al resto de los/as niños/as de sus aulas y, como consecuencia, no son evaluados con los mismos instrumentos. En este punto es importante destacar que, aunque la mayoría del alumnado con NEAE requiere adaptaciones en las pruebas orales, en las pruebas escritas o en cualquier otra forma de evaluación, tienen un claro derecho a ser evaluados en el mismo entorno, y con los mismos instrumentos. No obstante, como señalan autores como Muñoz y Otondo (2018), en la mayoría de ocasiones este hecho no sucede, y las pruebas no se adaptan como es debido, provocando una exclusión del grupo ordinario.

Todos estos aspectos (la metodología tradicional, las actividades que no involucran a todo el alumnado o una evaluación no adaptada) influyen directamente en la relación de este alumnado con sus maestros/as y sus compañeros/as. La mayoría de alumnado con NEAE de nuestro estudio recalca que se muestra poco integrado/a con el resto de alumnos/as de sus Aulas Ordinarias, y reconoce que sus amistades son niños/as más pequeños o que acuden al Aula de Apoyo a la Integración. Coincidimos con López-Melero (2012) en que dentro de las aulas el clima de convivencia se ha de preñar de diversidad, y de esta forma, las relaciones sociales de los/as niños/as aumentarán y como consecuencia la autoestima crecerá.

Algo relacionado ocurre con la relación que tienen con sus maestros y maestras. En este caso, todos los/as alumnos/as con NEAE señalan que tienen una relación más estrecha con sus maestras de Pedagogía Terapéutica porque estos/as profesionales son caracterizados por la vocación y la motivación. Gisbert y Giné (2011), también defienden que progresar hacia un ambiente más inclusivo conlleva un nuevo rol docente, donde el/la profesor/a tutor/a es el elemento clave del proceso de atención a la diversidad.

Todos estos resultados tienden, en su mayoría, a evidenciar la clara tendencia del alumnado con NEAE hacia el uso del Aula de Apoyo a la Integración y proclaman la necesidad de buscar un sentido real al principio de inclusión.

Finalmente, en este punto, se considera necesario destacar algunas limitaciones y líneas futuras encontradas en el estudio realizado. En primer lugar, que al realizarse con niños/as con alguna necesidad se exige una mayor adaptación de los instrumentos de recogida de la información. En segundo lugar, que existe una dificultad para generalizar estas conclusiones a otros centros con otros contextos distintos y, por último, que existe una clara falta de investigaciones que se centren en conocer la voz de los propios implicados en la enseñanza cuando se trata de alumnado con NEAE. No obstante, en esta línea de argumentación, los resultados obtenidos y las limitaciones señaladas abren nuevas líneas de investigación. Sería necesario ampliar el estudio y conocer no solo la realidad existe en este centro, dedicar un mayor tiempo al estudio y profundizar más en las experiencias y vivencias de los/as maestros/as y las familias del propio alumnado con Necesidades Específicas de Apoyo Educativo y, por último, realizar una propuesta de intervención que tenga en cuenta las voces de estos/as alumnos/as para mejorar sus atenciones y apoyos recibidos.

Referencias

Barrio de la Puente, J. L. (2009). Hacia una Educación Inclusiva para todos. *Revista Complutense de Educación, 20*(1), 13-31.

Booth, T. y Ainscow, M. (2011). *Index for Inclusion: developing learning and participation in schools; (3rd edition).* Centre for Studies in Inclusive Education (CSIE). Cobeñas, P. (2020). Exclusión educativa de personas con discapacidad. Un problema pedagógico. *REICE. Revista Iberoamericana sobre Calidad, Eficacia y Cambio en Educación, 18*(1), 65-81. https://doi.org/10.15366/reice2020.18.1.004

Cook-Sather, A. (2014). Student-faculty partnership in explorations of pedagogical practice: a threshold concept in academic development. *International Journal for Academic Development, 19*(3), 186-198. https://doi.org/10.1080/1360144X.2013.805694

De Haro, R., Arnáiz, P., Alcaraz, S. y Caballero, C. (2019). Escuchar las Voces del Alumnado para Construir la Inclusión y la Equidad Educativa: Diseño y Validación de un Cuestionario. *REMIE: Multidisciplinary Journal of Educational Research, 9*(3), 258-292. https://doi.org/10.17583/remie.2019.4613

Echeita G., Sandoval, M. y Simón, C. (2019). *Educación inclusiva y atención a la diversidad desde la orientación educativa.* Síntesis.

Gisbert, D. y Giné, C (2011). La formación del profesorado para la educación inclusiva: Un proceso de desarrollo profesional y de mejora de los centros para atender la diversidad. *Revista Latinoaméricana de educación inclusiva, 5*(2), 153-170.

Gunter, H. y Thomson, P. (2007) Learning about students' voices. *Support for learning, 22*(4), 181-188. https://doi.org/10.1111/j.1467-9604.2007.00469.x

López-Melero, M. (2012). La escuela inclusiva: una oportunidad para humanizarnos. *Revista Interuniversitaria de Formación del Profesorado, 26*(2), 131-160.

Messiou, K. y Ainscow, M. (2021) Inclusive Inquiry: un enfoque innovador para promover la inclusión en las escuelas, *Revista Latinoamericana Educación Inclusiva, 15*(2), 23-37. https://doi.org/10.4067/S0718-73782021000200023

Muntaner, J. J., Roselló, M. R. y De la Iglesia, B. (2016). Buenas prácticas en educación inclusiva. *Educatio Siglo XXI, 34*(1), 31-50. https://doi.org/10.6018/j/252521

Muñoz, K. y Otondo, M. (2018). Evaluación de aprendizajes en estudiantes con Necesidades Educativas Especiales. *Revista Iberoamericana de Evaluación Educativa, 11*(2), 71-90. https://doi.org/10.15366/riee2018.11.2.004

Ocampo, A. (2019). Contornos teóricos de la educación inclusiva. *Revista Boletín Redipe, 8*(3), 66-95. https://doi.org/10.36260/rbr.v8i3.696

Parrilla, A. (2010). Ética para una investigación inclusiva. *Revista De Educación Inclusiva, 3*(1), 165-174.

Rodríguez, D. y Pino, M. (2019). La entrevista como método cualitativo. Un estudio de caso etnográfico a través de esta herramienta. *Investigación cualitativa en Ciencias Sociales, 3*, 603-611.

Rodríguez, G., Gil, J., y García, E. (1996). *Metodología de la investigación cualitativa*. Aljibe.

Sandoval, M. (2011) Aprendiendo de las voces de los alumnos y alumnas para construir una escuela inclusiva. *REICE. Revista Iberoamericana sobre Calidad, Eficacia y Cambio en Educación, 9*(4), 114-125.

Sandoval Mena, M. (2016). Aprendiendo de las voces de los alumnos y alumnas para construir una escuela inclusiva. *REICE. Revista Iberoamericana sobre Calidad, Eficacia y Cambio en Educación, 9*(4). https://doi.org/10.15366/reice2011.9.4.006

Sandoval Mena, M., Simón Rueda, C. y Echeita Sarrionandia, G. (2020). ¿Qué me ayuda a aprender y participar?: Herramientas para recoger las voces de los estudiantes. *Revista de Educación Inclusiva, 13*(1), 12-27.

Smyth, J. (2007). Toward the Pedagogically Engaged School: Listening to Student Voice as a Positive Response to Disengagement and «dropping out». En D. Thiessen y A. Cook-Sather (Eds.), *International Handbook of Student Experience in Elementary and Secondary School* (pp. 635-658). Springer.

Susinos, T. (2012). Las posibilidades de la voz del alumnado para el cambio y la mejora educativa. *Revista de Educación, 359*, 16-23.

Susinos, T., Ceballos, N., Saiz, A. y Ruiz, J. (2019). ¿Es la participación inclusiva el unicornio en la escuela? Resultados de una investigación sobre la voz del alumnado en centros de educación obligatoria. *Publicaciones, 49*(3), 57-78. https://doi.org/10.30827/publicaciones.v49i3.11404

UNESCO (1994). *Declaración de Salamanca y Marco de Acción para las necesidades educativas especiales. Junio 1994, Salamanca. Madrid*. UNESCO/MEC. http://www.unesco.org/education/pdf/SALAMA_S.PDF

UNESCO (2021). *Hacia la inclusión en la educación: situación, tendencias y desafíos, 25 años después de la Declaración de Salamanca de la UNESCO.* https://unesdoc.unesco.org/ark:/48223/pf0000375748

Villar, L. (Coord.) (1994): *Manual de entrenamiento: evaluación y procesos de actividades educativas.* PPU.

Zeegers, Y. y Elliott, K. (2019). Who's asking the questions in classrooms? Exploring teacher practice and student engagement in generating engaging and intellectually challenging questions. *Pedagogies: An International Journal, 14*(1), 17-32. https://doi:1554480X.2018.1537186

Globalization and competency-based approach in EFL classroom: benefits, inconveniences and implications

Francisco Pradas-Esteban

Universidad de Alicante (España)

Abstract: Globalization has become a key element in citizens' everyday lives, especially affecting the English language learning, as it is considered the international vehicular language. The urgent demand of English speakers in recent times has a direct impact in the EFL context, due to the need of finding a highly meaningful strategy or method that could improve the second language acquisition, with the aim of allowing individuals to fully participate in personal, social and professional life in a globalized context. This study presents a competency-based approach considering the 21st century skills and the European Key Competences for Lifelong Learning, in order to significantly integrate the digital, multilingual and cultural competences in the EFL classroom. The main findings show that their combination has a high positive influence on students' language acquisition, as each of them reinforces the others. However, the study also sheds light about some inconveniences related to the lack of resources and lesson planning, leading to some implications that need to be considered to overcome the previous barriers.

Keywords: Digital Competence, Multilingual Competence, Cultural Competence, EFL, Globalization.

1. Introduction

The globalization process carried out in the last decades has empowered the role of the English language, as it is considered the international vehicular language. This increasing demand of speakers and learners has contributed to improve the communication among people from different countries and leads to the improvement and further investigation of new ways, methods and strategies to facilitate the language acquisition to thousands of speakers of different languages (Srinivas, 2019).

To begin with, it is essential to deeply describe what the term globalization means and the main implications that it involves. Some authors define globalization, as the:

> Process of world shrinkage, of distances getting shorter, things moving closer. It pertains to the increasing ease with which somebody on one side of the world can interact to mutual benefit, with somebody on the other side of the world. (Larsson, 2001, p. 9).
>
> Integration of different cultures, languages, organizations, countries, etc. from across the globe. (Mohammed, 2020, p. 5).
>
> Rapid development across the globe in terms of language, culture, tradition, customs, lifestyle, economy, science and technology. (Azimjov, & Zafarbek, 2023, p. 1252)

However, apart from defining the traditional concept of globalization, it is indispensable to make reference to the digital globalization term, that it goes further and better fits the current moment, as we are now living in the digital age. Some researchers define it, as:

> A form of globalization in which the digital transformation of economies changes the ways of consumption, commerce, investment, conducting business, and managing governments. It changes the modalities of economic and trade relations between countries. (Schilirò, 2020, p. 1710)
>
> The state of a digital form of globalization that connects nations, industries, companies, and individuals around the world through flows of data, information, ideas and knowledge, and through flows of goods, services, investment, and capital that are digitally enabled or supported. (Luo, 2021, p. 1)

Moreover, the terms *globalization* and *digital globalization* imply the empowerment of the English language, as it is considered the international vehicular language or "lingua franca" (Tan, Farashaiyan, Sahragard, & Faryabi, 2020). In this context, countries' development depends on the number of English proficient speakers that require EFL teachers to train them. For that reason, foreign language teachers training is indispensable in 21st century society, so globalization could be understood as a matter of education and training (Cádiz, 2021).

Regarding the globalized educational context, it is essential to introduce the 21st century skills concept that involves the main skills that citizens must have in the current society (Kay, & Greenhill, 2010). According to González-Pérez and Ramírez-Montoya (2022), these skills need to be integrated in education with the aim of developing the skills, aptitudes and attitudes towards a better performance in the workplace and modern society. According to Gut (2019), these skills are divided in the following categories:

A. Learning skills, such as creativity, innovation, critical thinking, problem solving, collaboration and communication.
B. Literacy skills, such as information literacy, media literacy and ICT literacy.

C. Life skills, such as flexibility, adaptability, initiative, self-direction, social and intercultural skills, productivity, accountability, leadership and responsibility.

According to all above, the present study aims to determine the role of the English language in the current globalized educational contexts and establish a series of guidelines towards the meaningful acquisition of the language. For this purpose, a competency-based approach will be presented with regard to the current educational needs, based on the globalization process and the 21st century demands.

2. Background

Current educational systems around the world highlight the importance of English Foreign Language (EFL) learning as one of the most relevant aspects to promote in a professional career or in social life. This undeniable fact also empowers the role of a wide range of skills such as communication, negotiation or interpersonal ones, among others. Because of this, English proficiency is not just a matter of constructing correct sentences according to grammar rules, it consists of guaranteeing an effective communication with other speakers (Clement, & Murugavel, 2018).

As they were previously named, 21st century skills are a set of competences that require to be developed in order to respond to the current educational demands and provide proper training to EFL pre-service teachers, for what higher education institutions play an indispensable to improve their future praxis (González-Pérez, & Ramírez-Montoya, 2022). In relation to some studies, this 21st century skills insist on the importance of communication, collaboration, cross-cultural sensitivity and technological savvy in the direction of personal and professional advancement (Voogt, & Roblin, 2012).

Regarding the 21st century skills, it could be said that all of them are equivalent to some of the European Key Competences for Lifelong Learning presented by the European Commission (2019), contributing to further development of EFL pre-service teachers. Both frameworks divide each skill or competence into three different categories, that are (1) skills, "ability to carry out processes and use the existing knowledge to achieve results; (2) knowledge, "composed by concepts, facts and figures, ideas and theories which are already established, and support the understanding of a certain area or subject"; and (3) attitudes, "the position and mindset to act or react to ideas, persons or situations" (European Commission, 2019).

Regarding the European Key Competences for Lifelong Learning that are aligned to the 21st century skills, there are some equivalent competences, that are:

A. Multilingual competence: "ability to use different languages appropriately and effectively for communication. It broadly shares the main dimensions of literacy: it is based on the ability to understand, express and interpret concepts, thoughts, feelings, facts and opinions in both oral and written form in an appropriate range of societal and cultural contexts according to one's wants or needs" (European Commission, 2019).

B. Digital competence: "involves the confident, critical and responsible use of, and engagement with, digital technologies for learning, at work, and for participation in society. It includes information and data literacy, communication and collaboration, media literacy, digital content creation, safety, intellectual property, related questions, problem solving and critical thinking" (European Commission, 2019).

C. Cultural awareness and expression competence: "involves having an understanding of and respect for how ideas and managing are creatively expressed and communicated in different cultures and through a range of arts and other cultural forms. It involves being engaged in understanding, developing and expressing one's own ideas and sense of place or role in society in a variety of ways and contexts" (European Commission, 2019).

These European Key Competences pretend to face the current educational systems' challenges, in order to prepare students for their near future, in which they will need to be able to perform according to the demands presented by the globalization process. As well as 21st century skills, both of these frameworks aim to provide students a learning environment full of opportunities, resources and experiences that encourages them to improve their language acquisition.

Moreover, it is essential to consider those frameworks that are being developed in the European Union, as a way to contribute to the main objective of the study. In the case of the European Union, the Digital Competence Framework for Educators (DigCompEdu), has as objectives the description of the implications that entail being a digitally proficient teacher and to give support to educators of all levels in the development of their digital competence in a context of never-ending changes. As well at European level, the Digital Education Action Plan (2021-2027) is a policy that pretends to facilitate the transition of all the educational systems of European states to the digital age. On the other hand, the United Nations (UN), published the Guidelines for ICT in education policies and masterplans that also highlight the importance of guiding the digital transition of all educational systems by the incorporation of Information and Communication Technologies (ICT), resulting in better competency-trained citizens for future sustainable societies.

The frameworks related to digital competence that have been named above, are only very few examples of policies that have the objective to increase citizens' awareness on the need of digital transition in the context of education. Additionally, their different scopes (European or global scope) prove that it is not just a matter of some states or organizations, that it is a worldwide concern.

Nevertheless, taking into account the European Union context, the policies and frameworks related to the cultural and intercultural promotion across the member states are not as recent as in the case of digital competence. In fact, according to Lähdesmäki, Koistinen and Ylönen (2020) there are numerous documents designed by a wide range of European Institutions, related to the role of culture in Education. Apart from those cultural frameworks, the White Paper on Intercultural Dialogue is considered as a highly relevant one, due to its insistence on teaching intercultural competences and the need of spaces for intercultural dialogue at an international level, always fostering democracy and citizenship. Referring to cultural policies in the UNESCO context, there is some agreement on the indispensable role of culture in modern society. In coherence with the previous statement, at the UNESCO World Conference on Cultural Policies and Sustainable Development - MONDIACULT 2022, a common vision of the mutual effects of culture and education was shared by experts, highlighting the importance that culture represents for all citizens. As well, among other projects, the UNESCO is working on a programme called *Learning for Diversity: Strengthening Synergies between Culture and Education for Inclusive, Sustainable and Resilient Societies*, with the aim of analyzing the main synergies between culture and education to improve and enrich students' learning experiences.

Regarding language competence promotion, it must be said that at European level there are some policies that make reference to language acquisition, but the most remarkable document is the Common European Framework of Reference for Languages (CEFR). In this framework, the Council of Europe (2020) establishes the main guidelines for a meaningful language learning, considering aspects such as the promotion of multilingualism, the adaptation of content to students' interests or needs, or the significance of teacher education and their cooperation with other teachers from different countries and languages. Out of the European Union context, UNESCO recently published the Strategic policy framework for multilingualism, in which it includes strategies and guidelines to promote multilingualism across the states that are part of the United Nations, analyzing the current state of implementation and what must be done towards the achievement of the goals set up.

3. Main focus of the chapter

The main focus of this chapter is to show the importance of competences implementation in the EFL classroom, especially the digital, multilingual and cultural awareness and expression ones. For that reason, it presents a competency-based approach, in which it describes the benefits and inconveniences they entail for proper second language learning, due to the urgent need of training proficient English speakers for the globalized context and its demands.

3.1. Digital competence in the EFL classroom

In recent times, digital skills have become a key element in citizens' everyday lives, as they offer the opportunity to fully participate in personal, social and professional contexts. This competence has been defined by many authors and organizations, and all agree on its relevance for 21st century learning demands, as it was previously stated by the European Commission.

3.1.1. Benefits

In the EFL classroom context, the incorporation of ICT contributes to students' second language development by increasing their engagement in the activities or tasks planned, as they can follow their rhyme towards the achievement of the goals pre-established. This fact makes them feel autonomous and increase their linguistic awareness through the use of new technologies, producing a positive impact on their motivation in their language acquisition process (Umida, & Abdulkhay, 2023). As well, these skills allow the students to improve their critical thinking to better prepare them for the 21st century demands, as the 21st century skills previously named, include the importance of possessing technological savviness.

Furthermore, Mudra (2020) assures the four main language skills improvement related to the incorporation of ICT and the development of digital competence in the EFL classroom: (1) writing skills are improved by the ICT integration, as students appeared to show interest in writing in the foreign language on different websites or platforms; (2) reading skills are positively impacted thanks to the ICT use, as learners have the opportunity to access to visual and attractive materials that encourage them to read on the second language; (3) listening skills are benefited due to the wide range of audio resources available on the Internet, such as music or podcasts that meet the interests and needs of the EFL learners; (4) speaking skills are considered to be extremely linked to the listening ones, as news, videos or songs, encourage learners to make oral use of the language and to initiate themselves in daily live conversations; (5) finally, the ICT integration fosters the second language use and learning, inside or outside the class, offering them the possibility to interact with other to better perform in their language learning process.

According to the previous author, applying a digital approach in the EFL classroom has also advantages for teachers as they let them provide students with authentic materials that encounter their interests and could find useful for their language development. As well, teachers can take advantage of the digital literacy skills of their learners, who can show them how to use some kind of devices or platforms with EFL educational purposes, and collaborate through social networks to improve both digital and communicative skills.

In respect of digital competence in the EFL classroom, it offers the possibility to significantly involve students in their learning process, in which they can carry out activities by making use of technology. Nonetheless, digital competence is not only a matter of using these technologies, it consists of making a responsible use of them, such as along the information gathering process, the comprehension of the previous information, the selection of valid information for the task assigned, or the responsible use of the information searched on the net (Alfia, Sumardi, & Kristina, 2020).

3.1.2. Inconveniences and implications

In contrast, the main barriers and inconveniences that limit the integration of ICT in the EFL classroom are divided into different categories depending on the origin of the issue. In accordance with Wilson, Ritzhaupt and Cheng (2020), these categories are divided in: (1) teachers' and students' personal fears of using new technologies, such as a low level of knowledge or skills that directly affect their self-confidence; (2) lack of digital tools and technical difficulties derived from Internet access, or technical issues on the devices; (3) and the organizational policies of institutions that can restrict the use of some kind of digital resources, due to their attitudes, beliefs or subject culture.

Finally, considering the advantages and disadvantages of ICT use in the EFL classroom, it is essential to determine the main implications they have for EFL in-service and pre-service teachers at all educational levels. In first place, in-service teachers must be in continuous contact with ICT and need to be trained to offer their students a suitable learning environment according to their needs and demands towards their second language acquisition process. On the other hand, higher education institutions must assume their essential role in training EFL pre-service teachers for the needs and demands of the 21st century, providing them learning experiences in which they have the opportunity to familiarize themselves with new technologies, in order to digitally empower their future praxis as EFL teachers (Sabiri, 2020).

3.2. Cultural awareness and expression competence in the EFL classroom

The importance of culture in teaching and learning languages has also been cited in many frameworks related to education, such as for example the previously named European Framework of Reference for Languages (CEFR) or in the European Key Competences Framework for Lifelong Learning. The CEFR defends the significance of applying a cultural approach in the EFL classroom, as "seeing learners as plurilingual, pluricultural beings means allowing them to use all their linguistic resources when necessary, encouraging them to see similarities and regularities as well as differences between languages and cultures" (Council of Europe, 2020, p. 17).

3.2.1. Benefits

Cultural and intercultural awareness have a positive impact on EFL development, as according to Yurtsever and Dilara (2021), it contributes to the improvement of the following aspects: (1) effective communication development due to the incorporation of intercultural interactions among speakers to strengthen their linguistic abilities; (2) enrichment of their cultural values and beliefs by using authentic EFL materials in terms of interculturality, that also engage them in the language learning process; (3) motivation increase related to the participation in cultural diverse learning environments, resulting as well in better communicative and critical thinking skills; (4) and finally, this competence benefits the interaction of English speakers, by showing the differences between their local and international cultures.

3.2.2. Inconveniences and implications

Regarding the inconveniences found across some research, the lack of time to work on cultural aspects represents one of the main issues that make teachers separate language and culture, even though the majority recognise their superior power towards proficient linguistic development when both of them go together, but the reality is that most of the EFL classes are dedicated to language teaching (Yurtsever, & Dilara, 2021).

With respect to the main implications, EFL in-service teachers must be in constant training to understand the positive relationship between language and culture to avoid their split in the EFL classroom, guaranteeing that they keep updated to the current trends and methods related to this subject matter. Referring to pre-service teachers, they must be transmitted the importance of culture in teaching languages, and let them understand how to implement it in class, in order to not consider culture from a traditional perspective based on the knowledge. As well, governments, institutions and teaching material designers have the duty of introducing culture in their curricula and agenda, with the aim of fostering the second language acquisition from a cultural perspective, and also increase the time to dedicate to culture in the EFL classroom (Ghavamnia, 2020; Yurtsever, & Dilara, 2021).

3.3. Multilingual competence in the EFL classroom

In the context of a globalized world in which the international language is English, many citizens have to learn this second language for their professional careers, or to participate in social life. This competence is essential for them, as its main purpose is to ensure speakers' effective communication in different languages and in a variety of situations and registers, as highlighted in the European Key Competences Framework cited above.

3.3.1. Benefits

Multilingual competence development in the EFL classroom has the aim of contributing towards a major development of students' linguistic skills as a consequence of speaking two languages or more. This competence empowers students' to improve their metacognition, their language awareness and linguistic creativity from all the activities carried out in the EFL lessons (Idris, Adliah, & Alfina, 2020). Putting into practice multilingual teaching practices allow students to appreciate and be aware of the worldwide linguistic diversity, making them feel interested in the new language and engage in its development, for which they can employ their already existing knowledge in other languages (Calafato, 2021).

3.3.2. Inconveniences and implications

Nevertheless, the main inconveniences identified on its incorporation are related to teachers' ability to address their knowledge in the lessons, as training programmes get centered on the importance of providing them theoretical knowledge, and fail to remember the practical approach of transmitting skills at a significant level (Calafato, 2021).

Paying attention to the main implications derived from the incorporation of this competence in EFL contexts, in-service and pre-service teachers at all levels must be aware of the importance of their own linguistic competence and their language use. In fact, they must teach their students that even though English is considered the international vehicular language, all languages spoken across the globe are equally important and deserve recognition and respect (Idris, Adliah, & Alfina, 2020). As well, in terms of training, both in-service and pre-service teachers should be trained on how to implement multilingual practices in the EFL classroom, always emphasizing the benefits of being multilingual and having an active role in the accomplishment of this goal (Calafato, 2021).

4. Conclusion

The aim of this study was to understand how the current globalization process affects the English language learning, due to the urgent need of training proficient speakers on this language. Therefore, a competency-based approach has been presented as a possible effective method that could foster and improve students' second language learning, from which the following conclusions were deduced.

In the first place, the competency-based approach presented is based on 21st century skills and the European Key Competences designed by the European Commission (2019). In the EFL classroom context, digital, multilingual and cultural competences are considered the main axes involving the second language learning, corresponding to the 21st century demands in the global contexts, that are communication, collaboration, cross-cultural sensitivity and technological savvy (Voogt, & Roblin, 2012).

In the second place, it must be said that in the second language learning process, very few studies consider working on these three competences at the same time. On the other hand, there are many others that consider each of these skills essential for language development, but none of them present all of them together. For that reason, the present competency-based approach was presented, in order to offer in-service and pre-service teachers the opportunity to know the main benefits of incorporating these three competences simultaneously. In fact, this approach prepares students for the current and future globalized context that requires all these skills in their citizens, in order to fully participate in their personal, professional and social lives.

To continue with the main conclusions, it is essential to highlight the main benefits of incorporating the present method in the EFL classroom. As some authors defend on their studies, the incorporation of these competences contributes to learners' language creativity, motivation increase, personal enrichment, effective communication and the improvement of language four main abilities (reading, writing, listening and speaking) (Idris, Adliah, & Alfina, 2020; Mudra, 2020; Yurtsever, & Dilara, 2021).

In contrast, the inconveniences identified from the integration of digital, multilingual and cultural competences are the lack of training, as well as personal beliefs and attitudes in the case of in-service and pre-service teachers regarding these skills. In the case of culture incorporation, the lack of time is also a conditioning issue because of the major dedication to language learning, relegating cultural aspects.

Furthermore, the lack of digital tools is also considered a limiting aspect in the development of digital competence towards the achievement of proficient English language speakers, as it directly affects their access to websites, platforms and resources linguistically-oriented (Wilson, Ritzhaupt, & Cheng, 2020; Calafato, 2021; Yurtsever, & Dilara, 2021).

Finally, it is vital to consider the main implications that these three competences entail in the EFL classroom. Regarding its incorporation in the language learning process, in-service teachers must attend training programmes that guide them to significantly transmit them in the EFL context, as well as pre-service teachers that must be skillfully trained at higher education institutions to guarantee them a high quality future praxis. Additionally, not only teachers have an essential role in providing students meaningful learning experiences, also governments, materials designers and international organizations must assume their task on the incorporation of these competences in the curricula, materials and any other resources deployed in educational institutions at all levels (Ghavamnia, 2020; Sabiri, 2020; Calafato, 2021).

References

Alfia, N., Sumardi, S., & Kristina, D. (2020). Survival skills in digital era: an integration of digital literacy into EFL classroom. *Indonesian Journal of EFL and Linguistics*, *5*(2), 435-451. https://doi.org/10.21462/ijefl.v5i2.307

Azimjon, A., & Zafarbek, M. M. (2023). Globalization and the spread of English. Новости образования: исследование в *XXI* веке, *1*(9), 1252-1256. http://nauchniyimpuls.ru/index.php/noiv/article/view/7455

Cádiz, A. (2021). Adaptation to Foreign Schools in Southeast Asia of Filipino ESL Teachers. *International Journal of Science Research in Multidisciplinary Studies*, *7*(11), 19-23.

Calafato, R. (2021). Teachers' reported implementation of multilingual teaching practices in foreign language classrooms in Norway and Russia.

Teaching and Teacher Education, 105, 1-13. https://doi.org/10.1016/j.tate.2021.103401

Clement, A., & Murugavel, T. (2018). English for the workplace: The importance of English language skills for effective performance. *The English Classroom, 20*(1), 1-15.

Council of Europe (2020), *Common European Framework of Reference for Languages: Learning, teaching, assessment.* Council of Europe Publishing. www.coe.int/lang-cefr

Directorate-General for Education, Youth, Sport and Culture of the European Commission (2019). *Key competences for lifelong learning.* Publications Office of the European Union. https://data.europa.eu/doi/10.2766/291008

Ghavamnia, M. (2020). Iranian EFL teachers' beliefs and perspectives on incorporating culture in EFL classes. *Intercultural Education, 31*(3), 314-329. https://doi.org/10.1080/14675986.2020.1733862

González-Pérez, L. I., & Ramírez-Montoya, M. S. (2022). Components of Education 4.0 in 21st century skills frameworks: systematic review. *Sustainability, 14*(3), 1-31. https://doi.org/10.3390/su14031493

Gut, D. M. (2010). Integrating 21st century skills into the curriculum. In G. Wan, & D.M. Gut (Eds.), *Bringing schools into the 21st century* (pp. 137-157). Springer Netherlands. https://doi.org/10.1007/978-94-007-0268-4_7

Idris, A. M. S., Adliah, A., & Alfina, S. (2020). Multilingual Interaction in Classroom Context. *ETERNAL (English, Teaching, Learning, and Research Journal), 6*(2), 381-393. https://doi.org/10.24252/Eternal.V62.2020.A13

Kay, K., & Greenhill, V. (2010). Twenty-first century students need 21st century skills. In Wan, G., & Gut, D. M. (Eds.), *Bringing schools into the 21st century* (pp. 41-65). Springer Netherlands. https://doi.org/10.1007/978-94-007-0268-4_3

Lähdesmäki, T., Koistinen, A. K., & Ylönen, S. C. (2020). *Intercultural dialogue in the European education policies: A conceptual approach.* Springer Nature. https://doi.org/10.1007/978-3-030-41517-4

Larsson, T. (2001). *The race to the top: The real story of globalization.* Cato Institute.

Luo, Y. (2021). New OLI advantages in digital globalization. *International Business Review, 30*(2), 1-8. https://doi.org/10.1016/j.ibusrev.2021.101797

Mohammed, M. A. A. (2020). English language and globalization. *International Journal of Novel Research in Education and Learning, 7*(1), 5-11.

Mudra, H. (2020). Digital literacy among young learners: How do EFL teachers and learners view its benefits and barriers? *Teaching English with Technology, 20*(3), 3-24.

Sabiri, K. A. (2020). ICT in EFL teaching and learning: A systematic literature review. *Contemporary Educational Technology, 11*(2), 177-195. https://doi.org/10.30935/cet.665350

Schilirò, D. (2020): Towards digital globalization and the covid-19 challenge. *International Journal of Business Management and Economic Research, 2*(11), 1710-1716. https://mpra.ub.uni-muenchen.de/id/eprint/100504

Srinivas, P. (2019). The role of English as a global language. *Research Journal of English, 4*(1), 65-79.

Tan, K. H., Farashaiyan, A., Sahragard, R., & Faryabi, F. (2020). Implications of English as an International Language for Language Pedagogy. *International Journal of Higher Education, 9*(1), 22-31. https://doi.org/10.5430/ijhe.v9n1p22

Umida, K., & Abdulkhay, K. (2023). The Significance of Digital Skills to Improve Learners' Awareness in the EFL Classroom. *Conference on Applied and Practical Sciences,* 111-114.

Voogt, J., & Roblin, N. P. (2012). A comparative analysis of international frameworks for 21st century competences: Implications for national curriculum policies. *Journal of curriculum studies, 44*(3), 299-321. https://doi.org/10.1080/00220272.2012.668938

Wilson, M. L., Ritzhaupt, A. D., & Cheng, L. (2020). The impact of teacher education courses for technology integration on pre-service teacher knowledge: A meta-analysis study. *Computers & Education,* 156, 1-16. https://doi.org/10.1016/j.compedu.2020.103941

Yurtsever, A., & Dilara, Ö. Z. E. L. (2021). The role of cultural awareness in the EFL classroom. *Turkish Online Journal of Qualitative Inquiry, 12*(1), 102-132. https://doi.org/10.17569/tojqi.776499

¿Es útil TikTok para favorecer el aprendizaje en las aulas universitarias?

Ángel Romero-Martínez

Departament de Psicobiologia, Facultat de Psicologia,
Universitat de València (España)

Abstract: The knowledge and use of social networks, especially TikTok, by university professors could represent an important advance in the teaching-learning process. That is, knowledge and training in the use of this type of tools could help teachers to develop and adapt the theoretical contents of their classes to make them more attractive to students and, thus, enhance the learning process. Therefore, the main objective of this work was to perform a systematic review of empirical research that has analyzed the effect of TikTok in university classrooms, directly or indirectly impacting the teaching-learning process. The application of specific terms in several databases made it possible to identify a total of 192 articles, of which 15 were finally included in this systematic review, since they met all the established inclusion criteria. Most of the selected studies concluded that students and teachers rated the use of TikTok to promote learning in the classroom as satisfactory. However, only three of the studies concluded that the introduction of tutorials with TikTok had advantages over face-to-face classes when it came to learning. Even so,

195

caution should be exercised when using this type of social networks, since their excessive and/or compulsive use could be detrimental to the learning of university students.

Keywords: Teaching, Social Networks, Systematic Review, TikTok, University.

1. Introducción

En las últimas décadas la irrupción de las redes sociales ha supuesto un cambio radical en la vida de millones de personas, facilitando la inmediatez de la comunicación. En este sentido, *TikTok* nació como una aplicación musical en China que se extendió a nivel global a partir de 2018 (Anderson, 2020). El uso de esta aplicación ha crecido de forma exponencial a partir de su aparición, siendo actualmente la más popular si atendemos al número de descargas, ya que contó con 672 millones de descargas de la aplicación en el año 2022, seguido de Instagram y Facebook (Bussiness of Apps, 2023).

El conocimiento y el uso de las redes sociales, especialmente TikTok, por parte de los docentes universitarios podría suponer un avance importante en el proceso de enseñanza-aprendizaje. De hecho, las nuevas generaciones se han criado en un entorno digital y poseen amplios conocimientos de las nuevas tecnologías, incluyendo las redes sociales (Adams *et al.*, 2018). Esto genera la necesidad de que el personal docente disponga de conocimientos de este tipo de instrumentos y, de ese modo, se reduzca la brecha generacional entre el alumnado y el profesorado. En la medida en que los docentes cuenten con conocimientos y formación en el manejo de este tipo de herramientas, podrían desarrollar y adaptar el contenido teórico de sus clases para poder resultar más atractivo para los estudiantes y, por lo tanto, favorecer el proceso de aprendizaje e incluso incrementar la asistencia presencial o la participación durante las clases. De hecho, parece que las redes sociales pueden resultar útiles en el proceso de aprendizaje, puesto que su uso incrementa la motivación de los estudiantes por aprender (Sanmamed *et al.*, 2017). Esto podría ser explicado por diversos factores como la novedad, la estimulación multimodal (p. ej. a nivel visual y acústico) e incluso la inmediatez. En este sentido, se ha visto que la introducción de las redes sociales en los distintos niveles educativos favorece la participación en clase por parte de los estudiantes, el aprendizaje activo, el desarrollo profesional y favorecer la creatividad en el aula, entre otras (López-Carril *et al.*, 2020; Manning *et al.*, 2017; Marr y DeWaele, 2015; O'Boyle, 2014; Sanderson y Browning, 2015). Tanto es así que podrían convertirse en herramientas indispensables en los contextos educativos e incluso una alternativa a los métodos convencionales.

Aun así, cabe poner de manifiesto que no contamos con las suficientes evidencias como para poder concluir de forma taxativa si la aplicación de las redes sociales, en particular *TikTok*, impactará de forma positiva en el aprendizaje de los estudiantes universitarios. Es por ello por lo que el objetivo principal de este trabajo fue el de realizar una revisión sistemática de las investigaciones empíricas que hayan analizado el impacto de *TikTok* en las aulas universitarias e impacten de forma directa (p. ej., favorecer el aprendizaje) o indirecta (p. ej. motivación por aprender, percepción de utilidad, aceptación de su introducción en las aulas, etc.) en el proceso de enseñanza-aprendizaje.

2. Metodología

2.1. Estrategia de búsqueda

Para poder llevar a cabo esta revisión sistemática fueron seguidos los criterios de calidad establecidos en la declaración Preferred Reporting Items for Systematic Reviews and Meta-Analyses (PRISMA)

(Hutton *et al.*, 2015). Por lo tanto, se aplicaron una serie de términos empleando un mínimo de tres bases de datos multidisciplinares como Pubmed, Scopus y Scielo. De la misma forma, fueron seleccionados una serie de términos relevantes en este ámbito y combinados de la siguiente forma: [(*TikTok*) AND (education OR learning OR teaching AND college OR university)].

2.2. Criterios de inclusión

A la hora de establecer los criterios de inclusión para llevar a cabo la revisión sistemática fueron seguidos los consejos publicados en McKenzie *et al.* (2022) y, de esta manera, evitar las restricciones temporales o cualquier otro tipo de limitación que impida incorporar la mayor cantidad de investigaciones. Sin embargo, se establecieron una serie de criterios necesarios para garantizar la calidad de la presente revisión sistemática. De hecho, para que los estudios fueran finalmente incluidos en la revisión debían cumplir los siguientes criterios: (a) investigaciones empíricas; (b) emplearan *TikTok* y lo relacionaran con el proceso de enseñanza-aprendizaje (directa o indirectamente); (c) usaran una metodología cuantitativa, cualitativa o la combinación de ambas; (d) se llevara a cabo en contextos universitarios o en educación superior (p. ej. máster, doctorado, etc.) en estudiantes o en el profesorado; (e) estuvieran escritos en inglés o español.

2.3. Criterios de inclusión

En primer lugar, es necesario destacar que fueron eliminados los estudios de revisión. En otras palabras, aquellas investigaciones que no fueran de carácter empírico (p.ej. estudios de caso, estudios cuasiexperimentales, diseños pre y post intervención, etc.). En segundo lugar, fueron excluidos las investigaciones que incluyeran *TikTok*, pero no hicieran mención explícita a su impacto en el proceso de enseñanza-aprendizaje (p. ej. describir redes sociales sin mención explícita a *TikTok*). En tercer lugar, no se contó con aquellas investigaciones que emplearon otro tipo de estudiantes que no fueran universitarios o las que implementaron algún tipo de programa de educación que aplicó TikTok en otra clase de profesionales (p. ej. médicos, profesorado de infantil, personal de enfermería, etc.). Además, también se excluyeron aquellos estudios que no proporcionaron suficiente información sobre la muestra empleada o sobre el diseño que aplicaron en su investigación, lo que pondría en duda la calidad y replicabilidad del mencionado estudio. Por último, fueron descartadas las investigaciones, cuya publicación no reveló un proceso de revisión por pares (p. ej. preprint, TFG, tesinas de máster, etc.), así como los trabajos que constituyen la literatura gris y que resultan de difícil acceso, sin distribución comercial o con dificultades para localizarlos.

3. Resultados

Tras la aplicación de los términos anteriormente descritos en las bases de datos fueron identificados un total de 192 artículos. Mientras 190 fueron hallados PubMed, Scopus y Scielo, los dos artículos restantes fueron hallados mediante búsqueda manual en Research-Gate. Es necesario poner de manifiesto que cada una de las bases de datos cuenta con una serie de filtros que pueden aplicarse en la búsqueda para reducir el número de artículos. En este sentido, se aplicaron estos filtros siguiendo los criterios de inclusión y exclusión. Por ejemplo, permitieron excluir los estudios de revisión, trabajos finales de grado u otro tipo de trabajos similares, tesis doctorales o trabajos publicados en otros idiomas distintos al inglés o al español. Tras la eliminación de 4 artículos por tratarse de duplicados, de los 188 artículos resultantes fueron seleccionados un total de 27 artículos por presentar títulos potencialmente relevantes para el objetivo de este estudio. No obstante, solo fueron incluidos un total de 15 artículos en esta revisión sistemática, puesto que cumplían con los criterios de inclusión establecidos para llevar a cabo esta revisión sistemática.

De los artículos finalmente considerados para esta revisión, el 80 % de estos emplearon una metodología cuantitativa (Conde-Caballero *et al.*, 2023; DeAnna, 2022; Deng y Yu, 2023; Derkach *et al.*, 2022; Ding *et al.*, 2023; Jacobs *et al.*, 2022; Escamilla-Fajardo *et al.*, 2021; Shafirova y Araújo e Sá, 2023; Wood y Stringham, 2022; Xu *et al.*, 2023; Ye *et al.*, 2022; Yélamos-Guerra *et al.*, 2022), empleando el 20 % restante una metodología cualitativa y/o una combinación de ambas (Espejel *et al.*, 2022; Lampe, 2022; Radin y Light, 2022). La mayor parte de los estudios incluidos concluyó que los estudiantes valoraron como satisfactorio su uso en las aulas para favorecer el aprendizaje de una segunda lengua, estadística, histología, enfermería, entre otras áreas. Y no solo por parte del alumnado, puesto que también gozó de una valoración positiva por parte del profesorado (Espejel *et al.*, 2022), así como de los estudiantes que se están formando como docentes (Xu *et al.*, 2023). Este resultado fue apoyado tanto en los estudios que emplearon una metodología cuantitativa como en aquellos que lo analizaron mediante una metodología cualitativa. En otras palabras, que en ambos casos los resultados apuntaban a una valoración positiva de este instrumento para favorecer el aprendizaje (Tabla 1).

Desafortunadamente, la mayor parte de los estudios incluidos en esta revisión sistemática se centraron en la percepción de su utilidad para favorecer el aprendizaje y solo tres de ellos analizaron si efectivamente se producían cambios en los conocimientos tras la aplicación de esta herramienta (Ding *et al.*, 2023; Jacobs *et al.*, 2022; Wood y Stringham, 2022). En cualquier caso, en los tres casos el resultado fue positivo. Dicho de otra forma, que en todos los casos la aplicación de este instrumento favoreció el aprendizaje. Dos de los estudios demostraron que el uso de tutoriales con *TikTok* fue útil para la adquisición de conocimiento en estadística (Ding *et al.*, 2023; Jacobs *et al.*, 2022). De hecho, uno de ellos reveló que *TikTok* presentó ventajas respecto al grupo que empleó un método convencional (p. ej. clases presenciales) en el aprendizaje de ciertos ejercicios de estadística (Ding *et al.*, 2023). Además, otra investigación puso de manifiesto que el grupo que recibió formación de histología mediante TikTok mostró un mayor rendimiento en la prueba final de conocimientos en comparación con el grupo que recibió la formación presencial sin esta aplicación (Wood y Stringham, 2022) (Tabla 1).

Para concluir, cabe ser cautos en el uso de este tipo de redes sociales y en su impacto en el aprendizaje, puesto que uno de los estudios señaló que un uso excesivo y/o compulsivo de TikTok, así como de otras redes sociales, promovió todo lo contrario. Expresado de otra forma, resultaría perjudicial para el aprendizaje entre los estudiantes universitarios, puesto que el alumnado invertiría más tiempo en este tipo de red social por razones ajenas al contexto educativo (p. ej. comunicación con sus amistades) y su aplicación no estaría dirigida al aprendizaje (Ye *et al.*, 2022) (Tabla 1).

Tabla 1. Resumen de las características de las investigaciones incluidas en la revisión sistemática ordenadas alfabéticamente.

	Estudios y número de participantes	Tipo de metodología y diseño	Objetivo
Conde-Caballero *et al.* (2023)	Enfermería 213 (22 % ♂)	Cuantitativo y cuasiexperimental	Aceptación como instrumento de aprendizaje
DeAnna (2022)	Enfermería 57 (-)	Cuantitativo y cuasiexperimental	Percepción de utilidad como instrumento de aprendizaje
Deng y Yu (2023)	Diferentes grados (sin especificar) 246 (43 % ♂)	Cuantitativo y transversal	Facilidad de uso y aplicación como instrumento de aprendizaje
Derkach *et al.* (2022)	Diferentes grados (sin especificar) 250 (20 % ♂)	Cuantitativo y transversal	Percepción del uso de TikTok para motivar el aprendizaje
Ding *et al.* (2023)	Ciencias aplicadas 231 (-)	Cuantitativo y cuasi experimental; grupo control	Adquisición de conocimientos estadística
Escamilla-Fajardo *et al.* (2021)	Educación física 65 (54 % ♂)	Cuantitativo y diseño pre-post	Percepción de utilidad y motivación para favorecer el aprendizaje
Espejel *et al.* (2022)	Filología hispánica 36 (14 % ♂)	Cualitativo	Percepción de la utilidad aprendizaje (estudiantes y profesorado)

Jacobs *et al.* (2022)	Curso de introducción en estadística aplicada a los negocios 83 (49 % ♂)	Cuantitativo y Diseño pre-post	Aprendizaje conocimientos de estadística y percepción del desempeño
Lampe (2022)	Sociología 90 (-)	Cualitativo y cuantitativo; transversal	Experiencia de uso y percepción de utilidad en el aprendizaje
Radin y Light (2022)	Curso inmersión en investigación -	Cualitativo	Opinión sobre su uso para favorecer el aprendizaje
Shafirova y Araújo e Sá (2023).	Estudiantes educación, psicología, biología y lenguaje y cultura 212 (29 % ♂)	Cuantitativo y transversal	Percepción del aprendizaje de otro idioma
Wood y Stringham (2022)	Máster en biomedicina 84 (-)	Cuantitativo y transversal; grupo control	Adquisición de conocimientos en histología
Xu *et al.* (2023)	Estudiantes de grado y postgrado profesorado 383 (39 % ♂)	Cuantitativo y transversal	Percepción de su utilidad como instrumento de aprendizaje
Ye *et al.* (2022)	Diferentes grados (sin especificar) 246 (42.9 % ♂)	Cuantitativo y transversal	Efectos del consumo compulsivo sobre motivación para el aprendizaje
Yélamos-Guerra *et al.* (2022)	Estudiantes de filología inglesa 69 (26 % ♂)	Cuantitativo y transversal	Percepción de la utilidad de este instrumento para favorecer el aprendizaje

4. Conclusiones

Por todo ello, la mayor parte de los estudios señaló que la introducción de *TikTok* en las aulas universitarias contó con una valoración positiva por parte del alumnado y el profesorado (Conde-Caballero *et al.*, 2023; DeAnna, 2022; Deng y Yu, 2023; Derkach *et al.*, 2022; Ding *et al.*, 2023; Escamilla-Fajardo *et al.*, 2021; Espejel *et al.*, 2022; Jacobs *et al.*, 2022; Lampe, 2022; Radin y Light, 2022; Shafirova y Araújo e Sá, 2023; Wood y Stringham, 2022; Xu *et al.*, 2023; Ye *et al.*, 2022; Yélamos-Guerra *et al.*, 2022). Sin embargo, la mayor parte de las investigaciones no pusieron en práctica el análisis de su utilidad para favorecer el aprendizaje. En este sentido, solo tres de los quince estudios analizaron su utilidad para favorecer el aprendizaje. Aun así, solo dos de ellos contaron con un grupo control adecuado (Ding *et al.*, 2023; Wood y Stringham, 2022). Es por ello por lo que son escasas las evidencias que hayan demostrado su impacto positivo en el aprendizaje y la mayor parte de las evidencias se basa en la opinión más que en la puesta en marcha de un proyecto que valore el aprendizaje real o la adquisición de conocimientos. De la misma forma, con base en las conclusiones del estudio presentado por Ye *et al.* (2022), la introducción de *TikTok* u otras redes sociales en las aulas debe ser sensata y no obviar que el uso excesivo de este tipo de herramientas podría empeorar el aprendizaje y favorecer el desarrollo de un consumo patológico y compulsivo.

Sobre la base de los resultados presentados en esta revisión, resulta imprescindible contar con nuevas investigaciones que analicen si efectivamente promueven el aprendizaje o simplemente ser otro tipo de herramienta sin que presente ventajas respecto a otras más convencionales. Tanto es así que resulta imprescindible implementar investigaciones ambiciosas que permitan evaluar su eficacia como alternativa a la metodología convencional o simplemente tratarse de una herramienta útil para ejercicios en clase que permitan despertar la atención del alumnado. Por ejemplo, un caso práctico sería de utilidad durante una clase para resumir los principales contenidos o destacar la importancia de un hallazgo concreto. Asimismo, podría diseñarse un programa que proporcione píldoras informativas relevantes para el contenido teórico de las clases. Esto permitiría que el alumnado recordase ciertos conocimientos de años previos, pero claves para comprender el contenido de la asignatura. En esta revisión dos investigaciones demostraron su utilidad para el aprendizaje de determinados ejercicios de estadística e histología. Sin embargo, no se ha demostrado en otras disciplinas académicas. Esto es algo imprescindible, puesto que las nuevas tecnologías siempre han gozado de una valoración positiva, pero sus aplicaciones y la hipotética superioridad sobre métodos convencionales no siempre se ha demostrado.

Aunque los resultados sean unánimes al apoyar la valoración positiva, es necesario poner de manifiesto algunas limitaciones que deberían ser contempladas en futuras investigaciones. En primer lugar, la mayor parte de los estudios son transversales y, por lo tanto, no han analizado la persistencia del conocimiento, simplemente se trata de ejercicios puntuales sin que haya un seguimiento sobre la permanencia de la adquisición de nuevos conocimientos. De la misma forma, la mayor parte de los estudios contó con muestras relativamente reducidas y la mayor parte de los estudios no ofrecieron suficiente información sociodemográfica de la muestra. Otra de las cuestiones relevantes que es necesario poner de manifiesto es que solo dos de los estudios consideraron un grupo control y, de la misma forma, solo tres estudios analizaron si es útil *TikTok* para favorecer el aprendizaje, el resto se limitó investigar la percepción por parte del alumnado. De hecho, hubiera sido relevante no solo analizar la percepción sobre su utilidad, sino si ello realmente se reflejó en el rendimiento. Esto es, el grado de acuerdo entre la percepción y la utilidad real o si, por el contrario, se producen graves discrepancias entre la percepción y el desempeño real. Asimismo, es necesario prestar atención a las propias limitaciones de esta revisión sistemática. De hecho, el haberse centrado en el alumnado universitario limita la validez externa de los resultados y solo permite obtener conclusiones en un tipo de estudiantes muy concreto. De la misma manera, habría sido interesante considerar otras formas de aprendizaje distintas al sistema educativo convencional (p. ej. cursos de formación en empresas, campañas de prevención, formación en hospitales al personal de la salud, etc.). Otra de las limitaciones hace referencia a los idiomas seleccionados, puesto que es probable que se hayan ignorado investigaciones relevantes publicadas en otros idiomas. Y, no menos importante, es no haber considerado la literatura gris o preprint (artículos que no han pasado el proceso de revisión por pares). Esto es, el material que, por ejemplo, no ha sido publicado mediante un proceso de revisión por pares.

En resumen, existe unanimidad de los estudios incluidos para afirmar que la percepción por parte del alumnado y del profesorado para introducir *TikTok* en las aulas es favorable, ya que lo perciben como un instrumento que los motiva para aprender, parece útil y flexible para aplicarse en distintos contextos. Ahora bien, las evidencias que apoyen su utilidad para favorecer el aprendizaje son escasas e incluso uno de los estudios señaló los peligros del uso excesivo de este tipo de redes sociales, puesto que afectaría de forma negativa al aprendizaje. Por lo tanto, es necesario destacar la importancia de desarrollar nuevas investigaciones que analicen su utilidad y un uso razonable en las aulas.

Agradecimientos/apoyos

Este trabajo ha sido posible gracias a las ayudas para proyectos de innovación docente de la Universitat de València (código del proyecto: 2725700).

Referencias

Adams, B., Raes, A., Montrieux, H. y Schellens, T. (2018). Pedagogical tweeting" in higher education: Boon or bane? *International Journal of Educational Technology in Higher Education, 15*(1), 19. https://doi.org/10.1186/s41239-018-0102-5

Bussiness of Apps (2023). *App Data Report 2023. Most Popular Apps 2022 (Global)*. https://www.businessofapps.com/data/most-popular-apps/

Conde-Caballero, D., Castillo-Sarmiento, C. A., Ballesteros-Yánez, I., Rivero-Jiménez, B. y Mariano-Juárez, L. (2023). Microlearning through TikTok in Higher Education. An evaluation of uses and potentials. *Education and Information Technologies*, 1-21. https://doi.org/10.1007/s10639-023-11904-4

Deng, X. y Yu, Z. (2023). An extended hedonic motivation adoption model of TikTok in higher education. *Education and Information Technologies*, 1-23. https://doi.org/10.1007/s10639-023-11749-x

Derkach, S., Vitovska-Vantsa, I., Melnyk, M., Matuzko, A., Kolpashchykova, A., y Iudova-Romanova, K. (2022). The Trend of Tick-Tock Video as a New Tool for Motivating the Educational Activities of Students of Kyiv University of Culture: Analytical and Prognostic Aspect. *Journal of Higher Education Theory & Practice*, *22*(14). https://doi.org/10.33423/jhetp.v22i14.5543

Ding, N., Xu, X. y Lewis, E. (2023). Short instructional videos for the TikTok generation. *Journal of education for business*, *98*(4), 175-185. https://doi.org/10.1080/08832323.2022.2103489

Escamilla-Fajardo, P., Alguacil, M., y López-Carril, S. (2021). Incorporating TikTok in higher education: Pedagogical perspectives from a corporal expression sport sciences course. *Journal of Hospitality, Leisure, Sport & Tourism Education*, *28*, 100302. https://doi.org/10.1016/j.jhlste.2021.100302

Espejel, O., Concheiro, P., y Pujolà, J. T. (2022). TikTok en la enseñanza de español LE/L2: telecolaboración y competencia digital. *Journal of Spanish language teaching*, *9*(1), 19-35. https://doi.org/10.1080/23247797.2022.2091843

Gapp, D. (2022). Using TikTok as an active learning strategy. *Nurse Educator*, *47*(5), 266. https://doi.org/10.1097/NNE.0000000000001260

Hutton, B., Salanti, G., Caldwell, D. M., Chaimani, A., Schmid, C. H., Cameron, C., Ioannidis, J. P., Straus, S., Thorlund, K., Jansen, J. P., Mulrow, C., Catalá-López, F., Gøtzsche, P. C., Dickersin, K., Boutron, I., Altman, D. G. y Moher, D. (2015). The PRISMA extension statement for reporting of systematic reviews incorporating network meta-analyses of health care interventions: checklist and explanations. *Annals of Internal Medicine*, *162*(11), 777-784. https://doi.org/10.7326/M14-2385.

Jacobs, A., Pan, Y. C. y Ho, Y. C. (2022). More than just engaging? TikTok as an effective learning tool. En *UK Academy for Information Systems Conference Proceedings 2022*, 3. https://aisel.aisnet.org/ukais2022/3

Lampe, N. M. (2023). Teaching with TikTok in Online Sociology of Sex and Gender Courses. *Teaching Sociology*, *51*(4), 0092055X231159091. https://doi.org/10.1177/0092055X231159091

López-Carril, S., Anagnostopoulos, C. y Parganas, P. (2020). Social media in sport management education: Introducing LinkedIn. *Journal of Hospitality, Leisure, Sports and Tourism Education, 27*, 100262. https://doi.org/10.1016/j.jhlste.2020.100262

Manning, R., Keiper, M. y Jenny, S. (2017). Pedagogical innovations for the millennial sport management student: Socrative and Twitter. *Sport Management Education Journal, 11*(1), 45-54. https://doi.org/10.1123/smej.2016-0014

Marr, J. y DeWaele, C. S. (2015). Incorporating Twitter within the sport management classroom: Rules and uses for effective practical application. *Journal of Hospitality, Leisure, Sports and Tourism Education, 17*, 1-4. https://doi.org/10.1016/j.jhlste.2015.05.001

McKenzie, J. E., Brennan, S. E., Ryan, R. E., Thomson, H. J., Johnston, R. V. y Thomas, J. (2022). Chapter 3: Defining the criteria for including studies and how they will be grouped for the synthesis. En J.P.T., Higgins, J. Thomas, J. Chandler, M. Cumpston, T. Li, M. J. Page, V.A. Welch (Eds.), *Cochrane Handbook for Systematic Reviews of Interventions version 6.3 (updated February 2022)*. Cochrane. www.training.cochrane.org/handbook.

O'Boyle, I. (2014). Mobilising social media in sport management education. *Journal of Hospitality, Leisure, Sports and Tourism Education, 15*(1), 58-60. https://doi.org/10.1016/j.jhlste.2014.05.002

Radin, A. G. y Light, C. J. (2022). TikTok: An emergent opportunity for teaching and learning science communication online. *Journal of microbiology & biology education, 23*(1), e00236-21. https://doi.org/10.1128/jmbe.00236-21

Sanderson, J. y Browning, B. (2015). From the physical to the social: Twitter as a pedagogical innovation in the sport communication and sport management classroom. *Sport Management Education Journal, 9*(2), 124-131. https://doi.org/10.1123/SMEJ.2015-0003

Sanmamed, M. G., Carril, P. C. M. y de Sotomayor, I. D. Á. (2017). Factors which motivate the use of social networks by students. *Psicothema, 29*(2), 204-210. https://doi.org/10.7334/ psicothema2016.127

Shafirova, L. y Araújo e Sá, M. H. (2023). Multilingual encounters in online video practices: the case of Portuguese university students. *International*

Journal of Multilingualism, 1-20. https://doi.org/10.1080/14790718.2023.22 05142

Wood, J. L. y Stringham, N. (2022). The UnEssay project as an enriching alternative to practical exams in pre-professional and graduate education. *Journal of Biological Education*, 1-8. https://doi.org/10.1080/0021926 6.2022.2047098

Xu, T., Gao, Q., Ge, X. y Lu, J. (2023). The relationship between social media and professional learning from the perspective of pre-service teachers: A survey. *Education and Information Technologies*, 1-26. https://doi. org/10.1007/s10639-023-11861-y

Ye, J. H., Wu, Y. T., Wu, Y. F., Chen, M. Y. y Ye, J. N. (2022). Effects of short video addiction on the motivation and well-being of Chinese vocational college students. *Frontiers in Public Health*, *10*, 847672. https://doi.org/10.3389/ fpubh.2022.847672

Yélamos-Guerra, M. S., García-Gámez, M. y Moreno-Ortiz, A. J. (2022). The use of Tik Tok in higher education as a motivating source for students. *Porta Linguarum Revista Interuniversitaria de Didáctica de las Lenguas Extranjeras*, *38*, 83-98. https://doi.org/10.30827/portalin.vi38.21684

Biografías literarias gráficas: cómics para el desarrollo de la educación literaria

José Rovira-Collado
Sebastián Miras

Universidad de Alicante (España)

Abstract: Among the different subgenres of comics, one of the most widely used for education in recent years is the *Literary Graphic Biographies (LGB)*. In these comics, the life and work of great figures of world literature are collected. A biographical study is generally joined to a tribute to their literary creation, being works with great didactic possibilities. From the *Unicómic* group of the University of Alicante we have dedicated several investigations in recent years to deepen the usefulness of these graphic narratives for literary education. On this occasion we present the content analysis of fourteen graphic novels through three different axes. That of fictionality, which in turn is divided into text and illustration, that of intertextuality and that of didactics, in order to classify the different readings according to their pedagogical possibilities at different educational levels. Finally, a proposal of general activities for this type of works and the project of a reading guide for a specific graphic literary biography are presented.

Keywords: Biographies, Comic, Literature, Didactics, Unicomic.

1. Introducción

Las Biografías Literarias Gráficas (BLG) son un subgénero específico de cómics que recogen la vida y obra de autoras y autores literarios. Este subgénero ha tenido un gran éxito en los últimos años con ejemplos de muchas corrientes y etapas literarias. Asumiendo las diferencias entre cómic y literatura, siendo el primero un arte o medio distinto al literario, donde la ilustración es el elemento imprescindible de la narrativa (Groensteen, 2021), estas barreras se difuminan con este tipo de relatos, donde el verdadero protagonista es la obra literaria. Una característica central de estos cómics es su estrecha relación con la historiografía literaria, lo que nos permite trabajar la literatura, su historia, sus momentos, obras y personajes a través de la narrativa gráfica. Estas BLG confirman las múltiples relaciones entre ambas expresiones artísticas, además de superar los prejuicios que todavía ven al cómic como un subgénero infantil o juvenil.

La aproximación pedagógica a estas obras es fundamental al realizarse desde la Didáctica de la Lengua y la Literatura para la educación lectora del profesorado en formación de las distintas etapas educativas. No estamos hablando de instrumentalización de una obra artística, sino del reconocimiento explícito para conocer mejor obras imprescindibles de las literaturas en español.

Tanto las biografías tradicionales, realizadas por especialistas en la obra de artistas literarios y realizadas generalmente como homenaje, como las autobiografías se han usado generalmente como herramientas didácticas para conocer y contextualizar la vida y la obra de distintos artistas (Del Olmo Ibáñez y López Vega, 2020). La adaptación al cómic de este género historiográfico nos permite aumentar su utilidad, para llevarlas a las distintas etapas educativas a través de las ilustraciones, desarrollando distintos niveles de lectura, tanto para personas que conozcan previamente la obra literaria como para lectores en formación que quieren acercarse a ella. La BLG puede ser punto de partida o de destino para una clase de literatura donde siempre debe aparecer la obra literaria. La biografía (vida) y la producción artística (obra) de muchos personajes históricos se han adaptado a la narración gráfica desde las primeras etapas del medio (Miras y Rovira-Collado, 2021).

Si estas obras se centran en autoras o autores literarios, además de su vida nos mostrarán su producción artística, la obra literaria y su proceso creativo, incluyendo distintas citas y referencias intertextuales en las viñetas. En esta investigación se revisan las características del género a partir de un corpus seleccionado de 14 títulos tanto de autoras y autores españoles e hispanoamericanos. Se definen distintos ejes de análisis: la ficcionalidad o no de dichas obras y el respeto por la veracidad histórica, dentro de la categoría de libros de no ficción; la interacción entre ilustración y texto en estos cómics como obras multimodales; la intertextualidad y la presencia de la obra literaria del protagonista, a través del trabajo de documentación y la selección de fuentes seleccionadas que confirmen la validez de dichas biografías como instrumento didáctico; y por último, las posibilidades didácticas que se presentan para cada una de estas obras. En este sentido, como conclusión se presentan actividades concretas y un modelo de guía de lectura de estas biografías para aprovechar sus recursos a la hora de trabajar la obra literaria de sus protagonistas en distintas situaciones educativas.

El uso del cómic como narrativa gráfica central es un objetivo para el desarrollo de la Educación Literaria (Ibarra-Rius y Ballester-Roca, 2022; Baile-López, 2023). Son dos medios distintos, pero Cómic y Literatura son herramientas que fomentan el hábito lector del alumnado desde las primeras etapas educativas.

Estas Biografías Literarias Gráficas trabajan las literaturas en español (con obras de las tradiciones hispánica e hispanoamericanas) y nos permiten diseñar propuestas concretas para aprovechar las viñetas y su relación con contenidos literarios específicos, encuadrándose dentro de las actividades del proyecto de investigación europeo: *Investigación sobre el Cómic y la Novela Gráfica en el Aula Cultural Ibérica iCON-MICs* [https://iconmics.hypotheses.org/]. El análisis didáctico de estas BLG demuestra su potencialidad como medio de expresión artística que enriquece la recepción y reconocimiento de la literatura de los protagonistas ilustrados a través de una lectura de gran calidad estética, que nos llevará a grandes textos de las literaturas en español.

1.1. Ficcionalidad, Intertextualidad y Didáctica con BLG

Las BLG están dentro de la categoría de cómics de no ficción, siendo este un género específico con gran éxito, que nos permite acercarnos a distintos formatos y temáticas. Estas narrativas gráficas aproximan a las personas que los leen a episodios históricos concretos desde una lectura crítica que recupere y humanice algunos momentos olvidados por la historia oficial (Aldama, 2019). Estas lecturas nos permiten adentrarnos en un conocimiento histórico subjetivo, tanto por el devenir vital de sus protagonistas, autores y autoras literarias, como por la perspectiva de sus creadores, guionistas y dibujantes, que pueden representar la realidad histórica con diversos grados de ficcionalidad. Entre las distintas temáticas de los cómics de no ficción, encontramos entre otros, obras de tema histórico, educativo, científico o periodístico (Irwin, 2014).

Esta aproximación a la historia a través del lenguaje gráfico amplía la experiencia estética de la lectura (Kersten-Parrish y Dallacqua, 2018), confluyendo escritura e ilustración en un texto multimodal (Cohn, 2013). Una de las características propias de los mensajes multimodales (Jacobs, 2013), más concretamente de las narrativas gráficas, es la construcción de una narrativa visual en la que cada situación se transmite en la conjunción verbo-icónica (Bateman, 2014). El cómic sí que permite la modalidad silente, donde la narrativa se desarrolla solamente en la sucesión de ilustraciones sin ningún texto escrito (Postema, 2017), pero estas biografías no lo pueden ser, porque el protagonista principal es la obra literaria de los artistas representados. Esta distinción en el texto literario entre ficción y no ficción está profundamente arraigada, tanto en nuestra conciencia y experiencias lectoras, como en el diseño de currículos escolares y cánones de lecturas.

Estas BLG aluden directamente al intertexto lector de las personas que las leen, para incorporar referencias concretas a obras previamente conocidas o presentar nuevas obras del autor o autora protagonista. Como textos multimodales, el estilo de los dibujos influye en la representación ficcional o no ficcional, diferenciándose entre minimalistas, genéricos y naturalistas (Painter *et al.*, 2013), según el grado de realismo de las ilustraciones. Podemos encontrar intertextualidad en ambos modos de expresión (Pérez Cano *et al.*, 2019).

En este análisis, la presencia de la obra de los distintos protagonistas de las biografías, con distintos grados de intertextualidad, puede enriquecer estas diferenciaciones con distintos matices, porque una vida realista puede acompañar a una obra literaria muy ficcional.

Por último, se plantea un análisis de las posibilidades didácticas de estas lecturas. Desde la perspectiva de la Didáctica de la Lengua y la Literatura, deben centrarse en la Educación Literaria de las personas que aprenden más sobre literatura a través de la lectura de la ilustración y el texto (Rovira-Collado, 2022). Se presenta un análisis del cómic desde la educación lectora, para presentar un modelo de actuación que nos permita explotar al máximo sus posibilidades en la clase de literatura (Ibarra-Rius y Ballester-Roca, 2022).

2. Metodología

2.1. Corpus de BLG sobre literaturas en español

Se plantea una investigación cualitativa basada en el análisis de contenido (López Noguero, 2002; Richard, 2009) de distintas BLG. El corpus seleccionado recoge algunas obras analizadas previamente en investigaciones de los últimos dos años, ampliando y unificando los criterios de análisis (Miras y Rovira-Collado, 2021; López Viñas *et al.*, 2022; Rovira-Collado, 2022; Rovira-Collado *et al.*, 2023), aunque algunas de las BLG hayan sido publicadas hace más de diez años. Para esta ocasión, nos centraremos en estas 14 BLG.

Tabla 1. Corpus de Biografías Literarias Gráficas.
Elaboración propia.

Autor/a Literario/a	Título de la Biografía Literaria Gráfica
Borges, Jorge Luis	Pantoja, Óscar (guion) y Castell, Nicolás (dibujo). (2017). *Borges: el laberinto infinito*. Rey Naranjo Editores.
Cervantes, Miguel de	Gol (Gómez Andrea, Miguel). (2015). *Cervantes. La Ensoñación del Genio*. Dibbuks.
Cervantes, Miguel de	Rubín, David y Prado, Miguelanxo (2015). *Miguel EN Cervantes. El retablo de las maravillas*. Astiberri.
Cortázar, Julio	Marchamalo, Jesús (guion) y Torices, Marc (dibujo). (2017). *Cortázar*. Nórdica.
García Lorca, Federico	Gibson, Ian (guion) y Palomo, Quique (dibujo). (2018). *Vida y muerte de Federico García Lorca*. Ediciones B.
García Lorca, Federico	Ros, Ilu (2021). *Federico*. Lumen.
García Márquez, Gabriel	Pantoja, Óscar (guion), Bustos, Miguel, Córdoba, Tatiana Camargo Rojas, Felipe y Naranjo Morales, Julián David (dibujo). (2013). *Gabo, memorias de una vida mágica*. Sinsentido/Rey Naranjo Editores.
Hernández, Miguel	López Cabrera, Román (guion y dibujo) y Armengol Más, Marina (color). (2021). *Miguel Hernández. Piedra viva*. Cascaborra.
Hernández, Miguel	Esquembre, Carles (2022). *Las tres heridas de Miguel Hernández*. Planeta
Nebrija, Antonio de	Comotto, Agustín (2022). *Nebrija*. Nórdica Libros.
Neruda, Pablo	Pantoja, Óscar (guion) y Millán Esteban (dibujo). (2022). *Neruda. Lluvia, montaña y fuego*. Rey Naranjo Editores.
Pizarnik, Alejandra	Müshell, Ana (2022). *Maldita Alejandra*. Lumen.
Quevedo, Francisco de	Durá, Pablo, Martínez, Jaime y Suárez, Angie (2023). *Quevedo*. Cascaborra Ediciones.
Rulfo, Juan	Pantoja, Óscar (guion) y Camargo, Felipe (dibujo). (2017). *Rulfo. Una vida gráfica*. Rey Naranjo editores.

2.2. Descriptores del análisis realizado

Después de concretar el corpus de obras para analizar, desde la asociación *Unicómic* hemos propuesto tres escalas de valoración, que han sido validadas por integrantes de la misma asociación, ajenos a esta investigación y otras personas especialistas en cómic y literatura externas a nuestro grupo de investigación. Partimos del análisis de la *Ficcionalidad* realizado recientemente sobre BLG centradas en dos poetas españoles, Federico García Lorca y Miguel Hernández (Rovira-Collado *et al.*, 2023). Esta escala se divide a su vez en dos ejes, el de la *Ilustración* y el del *Texto*, para destacar la importancia de la interacción de ambos elementos en un cómic de estas características. También se engloban las investigaciones realizadas sobre autores hispanoamericanos (Miras y Rovira-Collado, 2021) y sobre autores del Siglo de Oro español (Miras y Rovira-Collado, 2023). Estas dos escalas pueden representarse como dos ejes de coordenadas para situar las distintas obras, como ya hemos hecho en trabajos precedentes. La segunda escala es la de la *Intertextualidad*, centrándonos en la presencia de la obra literaria del protagonista de la BLG. En tercer lugar, proponemos una escala para describir las *Posibilidades Didácticas* de cada obra. Estas dos escalas confluyen también en un mismo diagrama de coordenadas. Todas las escalas son de 11 puntos: de 0 a 10, donde 0 sería el valor mínimo, ausencia absoluta de esta cualidad, 5 el valor intermedio y 10 el valor máximo, presencia continua del elemento analizado a lo largo de toda la obra.

A continuación, incluimos solamente los descriptores generales de estos cuatro ejes, que pueden convertirse en una escala Likert para hacer valoraciones de distintas BLG entre más personas y conocer la percepción de su uso didáctico por parte de nuestro alumnado.

Análisis de la *Ficcionalidad.*

Eje del *Texto*

Grado mayor Ficcionalidad (máxima ficcionalidad) (10). La BLG incorpora una recreación, adaptación o ficción sobre la vida del artista para reinterpretar a partir de esa vía narrativa la vida del protagonista. No aparecen fuentes documentales que apoyen la veracidad de la biografía.

Grado intermedio, equilibrio ficción y no ficcionalidad (10). La BLG incluye datos históricos reconocibles, intercalados con episodios ficcionados.

Grado menor de Ficcionalidad-Realismo (0). La BLG incorpora constantemente en su desarrollo narrativo datos contrastables, apoyados en fuentes documentales relevantes y episodios concretos de la vida del protagonista, respaldados por documentación histórica.

Eje de la Ilustración

Grado mayor de Ficcionalidad (máxima ficcionalidad) (10). La BLG emplea ilustraciones que incorporan elementos abstractos, no figurativos, o estilos de dibujo no naturalistas, siendo una ilustración totalmente ficcional.

Grado intermedio, equilibrio ficción y no ficcionalidad (5). La BLG representa figurativamente la vida del autor/a en sus ilustraciones, aunque incluye algunos elementos ficcionales, incluso fantásticos, aprovechando las metáforas visuales.

Grado menor de Ficcionalidad-Realismo (0). La BLG representa visualmente a partir de ilustraciones completamente realistas, muchas veces inspiradas en documentos previos como cuadros o fotografías, dibujando la imagen del autor o autora protagonista y otros personajes lo más fielmente posible.

Análisis de la *Intertextualidad*

Grado mayor de Intertextualidad en ilustración y texto (10). La BLG hace referencia explícita constantemente a distintas obras del autor/a, influencias recibidas, contexto histórico, otros autores y autoras literarias de su etapa o generación. La narrativa se construye a partir del homenaje explícito a la obra del protagonista.

Grado intermedio de Intertextualidad (5). La BLG se centra en pocas obras o un único género cultivado por el autor o autora, sin mención al resto de su producción literaria. Aparecen menciones a la obra, tanto en el texto como en la ilustración, pero no son constantes.

Grado menor de Intertextualidad (0). La BLG alude esporádicamente a obras del autor/a sin referenciar pasajes concretos o expresar su contenido. La obra se centra en la peripecia vital del protagonista y no en su creación literaria.

Análisis de las *Posibilidades Didácticas*

Grado mayor de Posibilidades Didácticas (10). La BLG utiliza un método expositivo claro, que no presupone un conocimiento elevado por parte de la persona que lee de los hechos relatados, aunque permite la construcción del conocimiento con base en las referencias y episodios. Está creada con clara intencionalidad didáctica, aunque este aspecto puede reducir las posibilidades expresivas y artísticas del cómic.

Grado intermedio de Posibilidades Didácticas (5). La BLG introduce de forma gradual episodios históricos, personajes y obras, si bien muchos de sus pasajes requieren de una formación previa para su comprensión. La labor de mediación docente es importante.

Grado menor de Posibilidades Didácticas (0) La BLG presupone un alto grado de conocimiento por parte de la persona que lee, asumiendo la activación de su intertexto para completar los vacíos en la narración. Los juegos artísticos pueden dificultar la comprensión de algunos pasajes, sobre todo porque las referencias literarias son más apropiadas para especialistas en la obra del protagonista.

3. Resultados

Una vez seleccionado el corpus de obras y definidos los criterios de clasificación, se propone el siguiente análisis de contenido. Posteriormente se proponen actividades didácticas concretas.

3.1. Análisis de 14 BLG

Como hemos comentado en la introducción, se han realizado distintas investigaciones en los últimos años, profundizando en los distintos ejes y trabajando distintas BLG, según el enfoque de cada investigación. Aunque el corpus total de obras recogido por *Unicómic* es más amplio, esta propuesta es la investigación más ambiciosa, porque recoge los estudios sobre varias biografías y los amplía con nuevos ejes de análisis.

Tabla 2. Análisis de tres elementos de las BLG. (Elaboración propia).

BLG	Ficcionalidad		Intertextualidad	Didáctica
	Texto	Ilustración		
Borges: el laberinto infinito	5	3	7	4
Cervantes. La ensoñación del genio	4	4	6	3
Miguel EN Cervantes	5	7	6	6
Cortázar	2	6	7	7
Vida y muerte de Federico García Lorca	1	3	8	9
Federico	2	7	9	4
Gabo, memorias de una vida mágica	3	2	6	5
Miguel Hernández. Piedra viva	1	1	10	10

Las tres heridas de Miguel Hernández	4	6	10	4
Nebrija	1	1	10	3
Neruda. Lluvia, montaña y fuego	1	2	7	8
Maldita Alejandra	6	3	9	3
Quevedo	1	1	3	3
Rulfo. Una vida gráfica	3	6	5	3

La primera categoría, *Ficcionalidad*, se divide en dos ejes, el del texto e ilustración. Tenemos obras centradas en la vida de poetas, como Miguel Hernández, Lorca o Quevedo que son principalmente *No Ficcionales*, con valores mínimos de ficcionalidad. También la centrada en Nebrija responde a estos planteamientos. Debemos recordar que la escala de estos dos ejes no supone ningún demérito para la obra, porque las biografías, de partida, deberían ser lo menos ficcionales posibles, porque recogen la vida real de sus protagonistas. En el conjunto del análisis, solamente encontramos valores altos de Ficcionalidad en algunas obras, como *Miguel En Cervantes, Cortázar, Federico, Las tres heridas de Miguel Hernández* o *Rulfo*. También el texto de *Maldita Alejandra* es altamente ficcional, debido a que mezcla episodios de la vida de la poeta argentina Alejandra Pizarnik con su obra y con momentos de la autora Ana Müshell. Además, esta obra, como *Federico* de Ilu Ros son las que más dudas pueden plantearnos al incluirlas en la categoría de cómic, porque realmente son libros ilustrados.

La segunda categoría, *Intertextualidad*, es fundamental en este tipo de obras, porque al centrarse en la vida y obra de autoras y autores literarios, la producción artística tiene que estar presente. Como vemos, los datos son opuestos y aquí sí encontramos en la mayoría abundantes intertextualidades, con varias BLG en los valores máximos, como las dos dedicadas a Miguel Hernández o la ya citada de *Nebrija*. En el polo opuesto, solamente destaca Quevedo, donde la presencia de la obra del poeta es mínima. A partir de esta categoría se podría también señalar la importancia de los elementos peritextuales que incluye cada edición. La presencia de prólogos, referencias u otro tipo de elementos que destaquen la elaboración del cómic refuerza el valor intertextual del mismo. Esta es una escala que podrá analizarse en trabajos posteriores.

Para finalizar, la tercera categoría centrada en las *Posibilidades Didácticas* es la que debemos tratar con mayor atención. Esta valoración ha sido consensuada entre ambos autores y validada por otros integrantes de la investigación, pero obviamente es una valoración muy general y subjetiva, que no debe considerarse totalmente fiable. En este análisis no hemos diferenciado los distintos niveles educativos para valorar estas biografías, y obviamente, los valores podrían cambiar según el alumnado que deba leer estas biografías. En muchas se plantea una valoración mínima, por debajo del 5, no porque no sean útiles, sino porque es necesario un conocimiento extenso de la obra del autor homenajeado para poder aprovechar didácticamente la BLG en cuestión. Obviamente, en este caso, también es imprescindible destacar la importancia de la mediación lectora y la persona que la realiza. Cualquiera de estas obras será muy útil en un docente que conozca la figura del protagonista y sepa aprovechar las ilustraciones y textos recogidos. Pero hay obras que debido a su complejidad no serán totalmente entendidas sin esta labor de mediación. Y si la persona que las lee ya conoce suficientemente la obra literaria, estas BLG nos ofrecerán una lectura profunda y provechosa, pero no destacaríamos su uso didáctico.

Además, al incluir esta última categoría entramos en la polémica cuestión de la instrumentalización del cómic como herramienta didáctica. Por supuesto, entendemos que una obra artística debe ser valorada por sus valores estéticos, pero al realizar nuestra propuesta desde la Didáctica de la Lengua y la Literatura no creemos que haya ningún problema en señalar sus enormes posibilidades para la educación.

3.2. Propuesta de actividades para guías de lectura

Una vez analizadas estas 14 biografías, nos planteamos cómo llevarlas al aula de lengua y literatura. Desde nuestra perspectiva docente, como formadores del futuro profesorado de Educación Secundaria, consideramos que la mayoría de estas obras pueden utilizarse durante esta etapa, acompañando a los contenidos obligatorios sobre las literaturas en español que se recogen en estas BLG. Pero la profundidad de algunas de estas nos lleva a recomendarlas para niveles superiores, tanto para Bachillerato como para formación universitaria. En Educación Superior se puede utilizar tanto en estudios filológicos, donde el alumnado pronto tendrá más conocimientos sobre la obra literaria que los recogidos en las BLG, como en otros espacios, como alumnado de Facultades de Educación que tienen pocos créditos de formación literaria o estudiantes de Español Lengua Extranjera que podrán disfrutar de muchas de estas biografías ilustradas.

En 2013, en el curso impartido en la Universidad de Alicante organizado por *Unicómic*, titulado *Cómic como elemento didáctico II. Literatura e Historia en viñetas*, se llevó a cabo el taller «Biografías literarias (y poesía) en viñetas» [http://aplicacionesdidacticascomicua2013.blogspot.com.es], donde ya se presentaron otras BLG y una serie de actividades que hemos ido completando a lo largo de los años hasta completar un listado de veinticinco ejercicios para trabajar las BLG, adaptaciones de grandes clásicos y otro tipo de cómics con muchas referencias literarias (Rovira-Collado *et al.*, 2023, 377-378). Estas actividades se organizan siguiendo las recomendaciones de Isabel Solé (2008) para la creación de guías de lectura, con actividades antes, durante y después de la lectura del cómic.

Estas tareas en torno a la lectura de cómics se han aplicado a distintas BLG y en distintos contextos educativos, como por ejemplo la enseñanza del Español como Lengua Extranjera (ELE), donde hemos confirmado que biografías como las dedicadas a Antonio Machado, Federico García Lorca o Miguel Hernández tienen muchas posibilidades didácticas (López *et al.*, 2023).

Durante la asignatura *Investigación, Innovación y uso de TIC en la enseñanza de Lengua y Literatura* (12059) del Máster de Formación del Profesorado de la Universidad de Alicante durante el curso 2022-2023 se trabajaron varias de estas BLG y se presentaron algunas actividades como ejemplo de actuación para el aula de Educación Secundaria (Bombini y Martín, 2021). Esta actividad está disponible en los blogs del alumnado de esa asignatura [https://didacticalenguayliteraturaua2023.blogspot.com/search/label/Biografías gráficas literarias].

Para finalizar, dentro del mencionado proyecto europeo *iCON-MICs* ambos autores participamos en el equipo de trabajo n.5, dedicado a «Cómics y Educación» [https://iconmics.hypotheses.org/wg5-comics-as-a-tool-for-teaching-learning-and-communication], y entre los distintos proyectos en desarrollo encontramos una selección de guías de lectura sobre cómics. Nuestra propuesta se centra en la citada biografía *Neruda. Lluvia, montaña y fuego* (Rey Naranjo Editores, 2022), con la intención de homenajear al poeta chileno a los 50 años de su asesinato. Esta guía incluiría recursos multimodales como modelo de actuación para nuestro alumnado, futuro docente de lengua y literatura. Pronto estará disponible en la web del proyecto y en otros espacios digitales como un Recurso Educativo Abierto (REA) (Rubio Perea, 2023).

4. Discusión y conclusiones

Como podemos observar, estas lecturas ya se han utilizado en la formación del profesorado en la Universidad de Alicante, y también nos consta que ya se utilizan en distintos centros educativos (López Viñas *et al.*, 2022). Constatamos que estas Biografías Literarias Gráficas (Miras y Rovira-Collado, 2021) son una corriente que ha tenido un gran éxito en los últimos años en la producción española e hispanoamericana.

Además de reflejar los momentos históricos específicos, se recogen las relaciones con otras personas relevantes de su etapa, compañeros de generación artística y se muestran fragmentos de la obra literaria, así como múltiples intertextualidades (Pérez Cano *et al.*, 2019).

Aunque las BLG son por principio obras de no ficción, no obstante, debemos ser prudentes y no ver en estas obras una fuente totalmente fidedigna para la historiografía sin más enjuiciamiento crítico (Gual Boronat, 2013). Nuestro análisis se basa tanto en la ficcionalidad, como en la intertextualidad y en las posibilidades didácticas del género.

La asociación *Unicómic* dispone en estos momentos de un corpus de más de 30 BLG (Rovira-Collado *et al.*, 2023) y queremos ampliar nuestro análisis con la metodología mostrada, agrupando las investigaciones por épocas o corrientes literarias, aunque estamos seguros que el corpus de obras a nuestra disposición seguirá creciendo.

Como carencia principal de nuestra investigación queremos denunciar la mínima presencia de autoras homenajeadas en las BLG. Sí existe una mayor presencia de mujeres literatas en álbumes ilustrados y esperamos que las BLG sobre autoras de nuestras literaturas siga creciendo (Pena Presas *et al.*, 2023).

Las narrativas gráficas en general y las BLG en particular, por su especial relación con la literatura, nos ofrecen un lenguaje interdisciplinar y multimodal, con múltiples líneas de fuga que otorgan a la persona que lee un margen interpretativo que dialoga con la voluntad del creador de la obra artística. En este sentido, guionista y dibujante confluyen con la autora o autor literario a través del conocimiento y el homenaje a su obra.

Apoyos

Esta investigación está dentro de la Red de Investigación en Docencia Universitaria. *Guías de Lectura de Cómics y Álbum Ilustrado para la Educación Superior* (5980) de la Universidad de Alicante y dentro del proyecto de investigación europeo acción COST: *Investigación sobre el Cómic y la Novela Gráfica en el Aula Cultural Ibérica iCON-MICs* [https://iconmics.hypotheses.org/].

Referencias

Aldama, F. L. (2019). Introduction to Focus: Graphic Nonfiction. *American Book Review, 40*(2), 3. https://doi.org/10.1353/abr.2019.0001

Baile-López, E. (2023). Claves de lectura de las adaptaciones literarias al cómic: el caso del Tirant lo Blanc. *Lenguaje Y Textos,* (57), 1-15. https://doi.org/10.4995/lyt.2023.18949

Bateman, J. (2014). *Text and image: a critical introduction to the visual-verbal divide.* Routledge.

Bombini, G. y Martín, S. (2021). La historieta: recorridos didácticos entre la lectura y la producción. *Textos. Didáctica de la lengua y la literatura, 93,* 8-14.

Cohn, N. (2013). *The visual language of comics: introduction to the structure and cognition of sequential images.* Bloomsbury.

Del Olmo Ibáñez, M. T. y López Vega, A. (2020). Biografías histórica y literaria y didáctica de la historia y la literatura. En *Conference proceedings. Civinedu 2020* (pp. 622-624). Redine. http://hdl.handle.net/10045/110530

Groensteen, Th. (2021). *Sistema de la historieta* (Ernesto Feuerhake, Trans.). Marmotilla.

Gual Boronat, O. (2013). *Viñetas de posguerra. Los cómics como fuente para el estudio de la historia.* Universitat de València.

Ibarra-Rius, N., y Ballester-Roca, J. (2022). El cómic desde la educación lectora: confluencias, interrogantes y desafíos para la investigación.

Ocnos. Revista De Estudios Sobre Lectura, 21(1). https://doi.org/10.18239/ocnos_2022.21.1.2753

Irwin, K. (2014). Graphic nonfiction: a survey of nonfiction comics. *Collection Building, 33*(4), 106-120. https://doi.org/10.1108/CB-07-2014-0037

Jacobs, D. (2013). *Graphic encounters: comics and the sponsorship of multimodal literacy.* Bloomsbury.

Kersten-Parrish, S. y Dallacqua, A. K. (2018). Three graphic nonfiction series that excite and educate. *The Reading Teacher, 71*(5), 627-633. https://doi.org/10.1002/trtr.1683

López Noguero, F. (2002). El análisis de contenido como método de investigación. XXI. *Revista de Educación, 4*, 167-179.

López Viñas, M., Miras, S. y Rovira-Collado, J. (2022). Biografías gráficas en Educación Secundaria: del cómic a la literatura. En S. Yubero y E. Larrañaga (Eds.). *Promoción lectora y perspectivas socioeducativas de la literatura* (pp. 3-37). Dykinson.

López, M., Miras, S. y Rovira-Collado, J. (2023). Cómics para trabajar la poesía española en el aula de ELE: Machado, Lorca y Hernández. *E-SEDLL, 5, Centro Virtual Cervantes.* https://cvc.cervantes.es/literatura/esedll/pdf/05/02.pdf

Miras, S. y Rovira-Collado, J. (2021). La biografía gráfica como herramienta didáctica: acercamiento al universo literario de cuatro autores hispanoamericanos. En R. Fernández-Cobo (Ed.), La enseñanza de la literatura Hispanoamericana Nuevas líneas de investigación e innovación didáctica (pp. 189-205). Universidad de Almería.

Miras, S. y Rovira-Collado, J. (2023, junio, 8-9). Explotación didáctica de biografías literarias gráficas sobre el Siglo de Oro: Nebrija, Cervantes y Quevedo [Ponencia]. *Coloquio Internacional de Literatura Gráfica Española e Hispanoamericana «Las reminiscencias del Renacimiento y del Siglo de Oro en el Cómic y en la Novela Gráfica»,* Basilea, Suiza. https://iconmics.hypotheses.org/2571

Painter, C., Martin, J. y Unsworth, L. (2013). *Reading visual narratives: image analysis of children's picture books.* Equinox.

Pena Presas, M., Senís Fernández, J. y Barrigüete, C. (2023). Estrategias de ficcionalización en las biografías de mujeres destinadas al público infantil y juvenil. *Tejuelo, 37*, 7-38. https://doi.org/10.17398/1988-8430.37.7

Pérez Cano, T., Tullis, B. y Merino, A. (2019). Introducción. El cómic: intertextualidades, discursividades y paratextos en el arte secuencial de América Latina. *Mitologías hoy, 20.* https://doi.org/10.5565/rev/mitologias.675

Postema, B. (2017). Silent comics. En F. Bramlett, R. T. Cook y A. Meskin (Eds.). *The Routledge companion to comics* (pp. 201-208). Routledge.

Richard, S. (2009). El análisis de contenido en la investigación sobre didáctica de la literatura. *Enunciación, 14*(1), 145-164. https://doi.org/10.14483/22486798.3284

Rovira-Collado, J. (2022). Biografías gráficas para la educación literaria: literatura española en cómic. En B. A. Roig Rechou, M. I. Soto López y M. Neira Rodríguez (Coords.), *Cómic e Literatura* (pp. 15-30). Xerais.

Rovira-Collado, J., Miras, S., Martínez-Carratalá, F. A., y Baile-López, E. (2023). Biografías literarias gráficas como libros de no ficción. Poesía y memoria histórica dibujadas. *Revista colombiana de educación,* (89), 359-388. https://doi.org/10.17227/rce.num89-17425

Rubio Perea, E. M. (2023). Open Educational Resources (OER) in initial teacher training: technological approach in language teaching. *Innoeduca. International Journal of Technology and Educational Innovation, 9*(2), 134-148. https://doi.org/10.24310/innoeduca.2023.v9i2.15386

Solé, I. (2008). *Estrategias de lectura.* Graó.

Metodologías de enseñanza aprendizaje. Evaluación de una experiencia de *flipped classroom*

Micaela Sánchez Martín
Carmen Sánchez Cortés
Ana Isabel Ponce Gea

Universidad de Murcia (España)

Abstract: This paper is the result of the implementation of an interdepartmental teaching innovation project carried out in the academic year 2022-2023 at the University of Murcia, which aims to assess student satisfaction with the Inverted Classroom methodology. Following a quantitative methodology, with a descriptive and cross-sectional survey design, data were collected using a Likert-type questionnaire (1-10) among 100 students (38 % men and 62 % women), with an average age of 28.6 years, taking research methods subjects at the University of Murcia (Spain). Data were analysed using descriptive statistics and inferential analysis. The results show a high degree of satisfaction with the contents, practices and methodology used, above 7.7 in all cases. No statistically significant differences were observed according to gender, age or mode of study. The main conclusions include the fact that, through the inverted classroom methodological strategy and the adaptation of the pedagogical model towards a hybrid ICT-mediated learning model, the teaching-learning process has been student-centred, favouring the acquisition of both methodological and transversal competences.

Keywords: Flipped Classroom, Teaching and Learning Methodologies, Educational Innovation, Higher Education.

1. Introducción

1.1. Los desafíos de la educación en el siglo XXI

La vertiginosa transformación, aceleración e imprevisibilidad de los cambios que se están produciendo de forma global en la sociedad actual están afectando a todos los ámbitos de la vida, entre ellos, a los sistemas educativos que, consecuentemente, han de ir adaptando las metodologías de enseñanza-aprendizaje. La implementación del Proceso de Bolonia con la creación del Espacio Europeo de Educación Superior (EEES), la creciente internacionalización de las universidades o la pandemia de COVID-19 han supuesto una serie de retos y modificaciones en el funcionamiento y planificación de los sistemas universitarios. Estos se han visto abocados al diseño de nuevas estrategias didácticas y pedagógicas, adaptadas a los nuevos escenarios, para responder a las necesidades del alumnado y continuar siendo el principal referente de producción de conocimiento para el desarrollo social (Tang *et al.*, 2023).

En los sistemas educativos públicos, los profesionales de la educación son el componente principal y desempeñan el papel más importante. Por ello, los docentes en formación deben desarrollar las competencias demandadas para el docente del siglo XXI (Rico y Ponce, 2022), lo que implica que, desde las universidades, debemos ofrecer a los estudiantes «las herramientas necesarias para solucionar problemas en la práctica profesional basados en las mejores evidencias científicas, para lo cual tienen que alcanzar unas competencias básicas en métodos de investigación» (Sánchez-Martín, 2022, p. 3). Se han de superar, pues, las limitaciones del método tradicional, mediante la implementación de una educación centrada en el alumno y la participación activa de su proceso de aprendizaje. El desempeño docente ahora debe ser completamente diferente, centrado en el conocimiento vigente, asociado a enseñar al alumnado a aprender, a investigar, a ser agentes activos, «que incentive la crítica, el rastreo de conocimientos de calidad y actualizados, como una actitud profesional» (Sánchez-Martín, 2022, p. 2).

Con esta innovación en estrategias docentes y de investigación, que intentan acoplarse al ritmo ascendente del conocimiento, el método se ha invertido. Los docentes toman un rol secundario al preparar, generar y supervisar actividades, prácticas y dinámicas de clase que promuevan el aprendizaje entre los estudiantes. Como señala López Belmonte *et al.* (2023), estos cambios han tenido un impacto directo en el ámbito educativo, que ahora favorece la transición de los procesos de enseñanza y aprendizaje hacia prácticas más innovadoras en las que los estudiantes se responsabilizan de su propio aprendizaje y los docentes deben adoptar nuevos roles y competencias en su labor profesional. Es el caso del aprendizaje invertido, en el que el proceso de instrucción comienza en cualquier lugar fuera del entorno escolar, de modo que el aprendizaje se vuelve ubicuo. Los estudiantes tienen acceso a contenidos audiovisuales que han sido elegidos o creados por el profesor y cargados en un repositorio o plataforma web para su visualización antes de la sesión presencial. Esto permite trabajar los contenidos en clase desde una perspectiva más práctica ya que los estudiantes han aprendido previamente los aspectos teóricos.

Por tanto, y de acuerdo a las aportaciones recientes desde la pedagogía y la didáctica, en la línea de Galindo-Domínguez y Bezanilla (2019), no cabe duda de la importancia de desarrollar una estrategia de aprendizaje eficaz con el objetivo de mejorar sus competencias investigadoras y como usuarios de literatura científica, siempre en el marco de una metodología activa *Flipped Classroom* es un método que cada vez se está aplicando más a nivel universitario en España, principalmente en el campo de la educación, y que cumple las características deseables para el desarrollo de nuestros objetivos didácticos.

1.2. El aula invertida

Tradicionalmente, la metodología más utilizada en general ha sido la metodología tradicional, que considera al docente como una base indispensable del proceso de aprendizaje, en la que el profesorado transfiere el conocimiento a un alumnado pasivo. Aunque hace ya más de dos décadas Baker (2000) y Lage, o Platt y Treglia (2000), comenzaron a utilizar el aprendizaje invertido o *flipped classrrom* como un método que puede facilitar el aprendizaje práctico respaldado por la tecnología, fueron Bergmann y Sams (2012) los responsables de su extensión a nivel mundial. Desde entonces, su uso ha ido creciendo en distintos niveles educativos, intercambiando los roles de profesorado y alumnado para que lo que los profesores podían hacer en clase (como la explicación teórica) lo hiciera el alumnado en casa y, en el tiempo de clase, se realizaban otro tipo de actividades. Lo anterior se presenta acorde con las competencias esenciales que el alumnado ha de desarrollar para afrontar los desafíos del siglo XXI, como el pensamiento crítico, la creatividad, la comunicación o el trabajo colaborativo, y puede trabajarse mediante proyectos, trabajos en equipo, resolución de problemas, etc. El aula invertida ha cobrado especial fuerza en el ámbito universitario; posiblemente, debido a la capacidad que le proporciona al estudiante para ser protagonista en el proceso de aprendizaje (Galindo-Domínguez y Bezanilla, 2019), y la autonomía que un alumnado de esta edad y nivel de formación presenta.

La implementación del *flipped learning* en la enseñanza reúne una serie de características y beneficios que le han permitido surgir como un método efectivo para desarrollar ciertas habilidades en los estudiantes, con el objetivo de prepararlos para un escenario educativo diferente al normal. López Belmonte *et al.* (2023), tras una amplia revisión de la literatura actual sobre aula invertida, establecen las siguientes ventajas del uso de esta metodología:

Mejora el aprovechamiento del tiempo en el aula.

Amplía los niveles de participación del alumnado en el aula (gracias al alto grado de flexibilidad que proporcionan los materiales en línea).

Favorece que los estudiantes construyan su propio conocimiento mediante la interrelación con su grupo de pares.

Mejora el grado de disposición positiva y compromiso para realizar ejercicios metacognitivos que involucren habilidades de orden superior.

Fomenta el trabajo colaborativo entre estudiantes (tanto dentro como fuera del aula).

Ayuda a los estudiantes a saber afrontar los problemas y a la toma de decisiones más adecuadas en cada etapa.

Aumenta los niveles de motivación y el rendimiento de los estudiantes.

Otros estudios señalan más ventajas de esta metodología, tanto en lo relativo al aprendizaje en su dimensión cognitiva, como afectiva. En relación con la primera cuestión, estudios como el realizado por Parra-González *et al.* (2020) destacan la facilidad del acceso completo a los contenidos en el momento que los estudiantes decidan; o la investigación de Kang y Kim 2021, que respalda la viabilidad del aula invertida con aprendizaje en equipo como estrategia de aprendizaje combinado, capaz de producir mejoras en los resultados de aprendizaje de los estudiantes de enfermería. En relación con la dimensión afectiva, el estudio de Martín-Moya *et al.* (2022) en el que los estudiantes informan una experiencia de aprendizaje más positiva y una mayor participación en el aula y destacan como especialmente propicias para su aprendizaje: compromiso con los compañeros, ser reconocido, relación con el profesor, entorno de aprendizaje físico, aprender con compañeros y usar videos para aprender nuevos contenidos. Los resultados indican que la dimensión afectiva de la participación de los estudiantes es particularmente prominente cuando los estudiantes reflexionan sobre el aprendizaje en el aula invertida.

2. Objetivos

La clave del éxito del enfoque de la clase invertida reside en que los estudiantes asuman la responsabilidad de su propio aprendizaje, lo cual les permitirá aprovechar mejor el tiempo, mejorar la comprensión de los temas trabajados e involucrarse activamente en el proceso de enseñanza-aprendizaje. Con este modelo, las actividades realizadas durante el tiempo de clase tradicional y el tiempo de autoaprendizaje se invierten, permitiéndole al profesorado conocer y abordar mejor las necesidades de los estudiantes a través del aumento de su participación, el acompañamiento para la valoración continua del desempeño del estudiante a través de las herramientas foro y exámenes. La utilización de la estrategia de la clase invertida, junto con una metodología de aprendizaje híbrido, pretende incrementar la motivación e implicación del alumnado, así como aumentar el compromiso y visualización de su aprendizaje (Olmedo Moreno, 2021). También aporta al profesorado la información necesaria para plantear el proceso de enseñanza-aprendizaje de forma personalizada adaptada a las dificultades que pueda presentar el alumnado en relación con el contenido de la asignatura. De acuerdo con lo anterior, hemos desarrollado, un proyecto de innovación docente dirigido a tres grupos de estudiantes que cursan la asignatura «Análisis de datos cualitativos», en el Máster Universitario en Investigación e Innovación en Educación Infantil y Educación Primaria; «Métodos de Investigación», en el Grado de Educación Social; y «Elaboración e Interpretación de Informes», en el Grado en Pedagogía, de la Facultad de Educación de la Universidad de Murcia.

Para la evaluación de este proyecto nos planteamos: ¿Cuál es el nivel de satisfacción (O) del alumnado de Grado y Máster de la Facultad de Educación de la Universidad de Murcia (P) con la metodología de Aula Invertida?, en formato PIO -Participantes, Intervención, Output- (Sánchez-Martín *et al.*, 2023). De la anterior pregunta de investigación se deriva el objetivo general de evaluar la satisfacción general (contenidos teóricos, las tareas prácticas y la metodología docente) del alumnado de Grado y Máster de la Facultad de Educación de la Universidad de Murcia con la metodología de Aula Invertida, lo que nos lleva a plantearnos los siguientes objetivos específicos:

OE 1. Describir la satisfacción del alumnado con la metodología *Flipped classroom*.
OE 2. Conocer la satisfacción del alumnado según sexo.
OE 3. Identificar la satisfacción del alumnado en función de la titulación cursada.
OE 4. Analizar la correlación entre la satisfacción según la edad del alumnado.

3. Metodología

3.1. Diseño

Para la evaluación de los resultados se ha optado por una metodología cuantitativa, con diseño tipo encuesta, descriptivo y transversal.

3.2. Participantes

En este estudio han participado 100 estudiantes (38 % alumnos y 62 % alumnas), con una edad media de 28,6 años, de los cuales el 44 % cursan estudios de máster y el 56 % de grado en el curso académico 2022-2023.

3.3. Instrumento

Los datos han sido recogidos mediante un cuestionario de satisfacción de escala tipo Likert (con valores del 1 al 10) construido *ad hoc*, el cual presenta una elevada fiabilidad con unos valores de Alfa de Cronbach de .97. Este instrumento consta de cuatro partes: datos de identificación, de los contenidos trabajados, prácticas realizadas y metodología docente.

Datos de identificación: Asignatura: _____
Sexo: _____ Edad: _____

CONTENIDOS. Los contenidos trabajados con la metodología de aula invertida ¿qué te han parecido?

1. Útiles para mi aprendizaje.
2. Con una aplicación práctica para mi carrera universitaria.
3. Con una aplicación práctica para mi carrera profesional.
4. Me han ayudado a interconectar los conocimientos adquiridos a lo largo de esta asignatura.
5. Han aumentado mi interés por la asignatura.

PRÁCTICAS. Las actividades prácticas trabajadas con la metodología de aula invertida ¿qué te han parecido?

1. Se corresponde con los contenidos de la asignatura.
2. Han aumentado mi interés por la asignatura.
3. Me ha ayudado a llevar la asignatura al día.
4. Las competencias adquiridas con estas prácticas me han servido en otras asignaturas de la carrera/máster.
5. Mi satisfacción general con estas prácticas.

METODOLOGÍA. La metodología de aula invertida ¿qué te han parecido?

1. La relación teoría-práctica me ha ayudado a conectar los conocimientos previos adquiridos en esta asignatura.
2. Las tutorías grupales y resolución de dudas me han ayudado a comprender mejor el tema y a realizar la práctica de forma autónoma.
3. Mi satisfacción general con la metodología docente.

3.4. Procedimiento

Tras la implementación del proyecto de innovación educativa de aula invertida, al finalizar cada asignatura, se ha pasado un cuestionario de satisfacción al alumnado a través de la herramienta «encuestas» de la Universidad de Murcia. El alumnado ha contestado de forma voluntaria, con garantías de confidencialidad y anonimato.

3.5. Plan de análisis de datos

Los datos han sido analizados con el paquete estadístico para análisis de datos cuantitativos *Jamovi* v.2.3. (The jamovi Project, 2022), realizando análisis descriptivos (Ibáñez-López *et al.*, 2023) como: frecuencia, porcentaje, media y desviación típica; y análisis inferenciales en los que se asume la no normalidad de los datos debido al escaso número de participantes (Correlación y U. de Mann-Whitney).

4. Resultados

En la tabla 1 se presentan los resultados generales agrupados por dimensiones de los ítems. Como se puede observar, los participantes puntúan por encima del 7,7 (en una escala del 1 al 10) las tres dimensiones evaluadas, referentes a contenidos estudiados, prácticas realizadas y metodología docente.

Tabla 1. Descripción de las Dimensiones
(contenidos, prácticas y metodología docente).

	Contenidos	Práctica	Metodología
N	94	96	97
Media	7.75	7.88	7.73
Desviación estándar	1.92	1.81	2.05

Si analizamos las dimensiones según sexo de los participantes (tabla 2 y 3), se observa que las puntuaciones de las mujeres son levemente más elevadas que la de los hombres en las tres dimensiones y no presentan diferencias estadísticamente significativas.

Tabla 2. Dimensiones según sexo

	Grupo	N	Media	DE
Contenidos	Hombre	33	7.67	2.31
	Mujer	61	7.79	1.70
Prácticas	Hombre	36	7.71	2.16
	Mujer	60	7.98	1.58
Metodología	Hombre	38	7.55	2.44
	Mujer	59	7.85	1.77

Tabla 3. U de Mann-Whitney para muestras
independientes en función del sexo

	Estadístico	valor P
Contenidos	962	.727
Prácticas	1031	.713
Metodología	1113	.956

Analizando los resultados de las dimensiones contenidos, prácticas y metodología docente según modalidad de estudios (tablas 4 y 5), se observa que las puntuaciones de grado son levemente superiores en estudios de grado, a excepción de la dimensión contenidos que es ligeramente mayor entre aquellos estudiantes que cursan estudios de Máster Universitario; en todos los casos las valoraciones están por encima de 7,7 y no presentan diferencias estadísticamente significativas según modalidad de estudios cursados.

Tabla 4. Dimensiones según titulación cursada.

	Grupo	N	Media	DE
Contenidos	Máster	40	7.77	2.29
	Grado	54	7.74	1.62
Prácticas	Máster	42	7.69	2.16
	Grado	54	8.03	1.48
Metodología	Máster	43	7.69	2.51
	Grado	54	7.77	1.62

Tabla 5. U de Mann-Whitney para muestras
independientes según titulación cursada.

	Estadístico	valor P
Contenidos	962	.368
Prácticas	1091	.753
Metodología	1136	.363

La tabla 6 muestra el análisis de correlación entre dimensiones evaluadas y edad de los estudiantes, en ella podemos observar un elevado índice de correlación positiva (r de Pearson) entre contenidos y práctica (.903), contenidos y metodología (.903); y práctica y metodología (.939).

Tabla 6. Correlación entre las dimensiones del cuestionario y la edad de los participantes.

		Edad	Contenidos	Prácticas	Metodología
Edad	R de Pearson	-			
	gl	-			
	valor p	-			
Contenidos	R de Pearson	.279	-		
	gl	38	-		
	valor p	.081	-		
Prácticas	R de Pearson	.223	.903***	-	
	gl	40	91	-	
	valor p	.138	< .001	-	
Metodología	R de Pearson	.201	.903***	.930***	-
	gl	41	90	92	-
	valor p	.106	< .001	< .001	-

NOTA: *p < .05, **p < .01, *** p < .001

5. Discusión y conclusiones

Volviendo al objetivo general definido para el estudio, y analizados los resultados de acuerdo con los objetivos específicos, estos coinciden con otros estudios realizados sobre aulas invertidas en educación superior Es el caso del llevado a cabo por Banks y Kay (2022), que muestra cambios positivos en el rendimiento académico, la satisfacción de los estudiantes y la autoeficacia relacionados con un plan de estudios bien diseñado; o los resultados del estudio de BarranqueroHerbosa *et al.* (2022), que sugieren que el uso del aula invertida en la educación de enfermería aumenta el rendimiento y es evaluado satisfactoriamente tanto por los estudiantes como por el profesorado. Sin embargo, los resultados de la investigación realizada por Missildine *et al.* (2013), con estudiantes de enfermería, para determinar el efecto del aula invertida, concluyó que combinar nuevas tecnologías de enseñanza con actividades interactivas en el aula puede dar como resultado un mejor aprendizaje, pero no necesariamente una mayor satisfacción.

Entre las limitaciones de este estudio, cabe destacar que se ha limitado a medir la satisfacción de los estudiantes con la metodología de aula invertida. La revisión sistemática realizada por Galindo-Domínguez y Bezanilla (2019) muestran que los principales objetivos en esta temática fueron medir el impacto del aula invertida en el rendimiento académico de los estudiantes y conocer su satisfacción con la experiencia. Por lo tanto, como futuras líneas de investigación, nos planteamos realizar un estudio longitudinal midiendo también el rendimiento académico. Por otra parte, como señalan Lundin *et al.* (2018), las contribuciones de conocimiento dentro de este campo de interés parecen ser anecdóticas más que investigadas sistemáticamente. Por lo que, además de continuar estudiando los efectos de esta metodología a largo plazo, también pretendemos desarrollar estudios de diseño cuasiexperimental con grupo control de metodología tradicional, con la finalidad de comprobar si las mejoras detectadas se deben realmente a la metodología de *flipped classroom*.

Como implicación práctica, cabe señalar que el alumnado que ha cursado estas asignaturas ha asistido a clase con una comprensión básica del tema para participar plenamente en los debates, por lo que, mediante este enfoque, ha cambiado el papel de docentes y de estudiantes, quienes asimilan de forma más consciente su propio proceso de aprendizaje. A través de la estrategia metodológica de clase invertida y el ajuste del modelo pedagógico, hacia un modelo híbrido de aprendizaje mediado por las TIC, el proceso de enseñanza-aprendizaje se ha centrado en el alumnado, favoreciendo la adquisición competencias metodológicas a la vez que transversales.

Agradecimientos/apoyos

Este estudio ha sido avalado y financiado por la Universidad de Murcia (UMU) mediante la Convocatoria para promover proyectos y acciones de innovación y mejora en la UMU durante el curso académico 2022-2023. Nuestro agradecimiento al equipo ÁTICA y a la Unidad de Innovación Docente de la UMU (España).

Referencias

Baker, J. W. (2000). The "Classroom Flip": Using web course management tools to become the guide by the side. En J.A. Chambers (Ed.), *Proceedings of the 11th International Conference on College Teaching and Learning* (pp. 9-17). Jacksonville.

Banks, L. y Kay, R. (2019). Exploring flipped classing and health science: A systematic review. *Nurse Education in Practice, 64,* 103417. https://doi.org/10.1016/j.nepr.2022.103417

Barranquero, M., Abajas-Bustillo, A., y Ortego-Maté, C. (2022). Effectiveness of flipped classroom in nursing education: A systematic review of systematic and integrative reviews. *International Journal of Nursing Studies, 135,* 104327. https://doi.org/10.1016/j.ijnurstu.2022.104327

Bergmann, J. y Sams, A. (2012). *Flip your classroom: reach every student in every class every day.* International Society for Technology in Education.

Galindo-Domínguez, H. y Bezanilla, M. J. (2019). A systematic review of flipped classroom methodology at university level in Spain. *INNOEDUCA. International Journal of Technology and Educational Innovation, 5*(1), 81-90. https://doi.org/10.24310/innoeduca.2019.v5i1.4470

Ibáñez-López, F. J., Ponce Gea, A. I., Pedreño Plana, M., y Sánchez-Martín, M. (2023). Basic survival manual for descriptive statistical analysis. *Espiral. Cuadernos del Profesorado, 16*(32), 118-125. https://doi.org/10.25115/ecp.v16i32.9134

Kang, H. Y. y Kim, H. R. (2021). Impacto del aprendizaje combinado en los resultados de aprendizaje en el curso de educación en salud pública: una revisión del aula invertida con aprendizaje en equipo. *BMC Medical Education, 21*(78), 2-8.

Lage, M., Platt, G. y Treglia, M. (2000). Inverting the classroom: A gateway to creating an inclusive learning environment. *Journal of Economic Education, 31*(1), 30-43. http://dx.doi.org/10.2307/1183338

López-Belmonte, J., Marín-Marín, J. A., Segura-Robles, A., y Moreno-Guerrero, J. A. (2023). Flipped Learning for Promoting Self-regulation, Social Competence, and Decision-making in Pandemic Conditions. *SAGE Open, 13*(4), 1-10. https://doi.org/10.1177/21582440231208772

Lundin, M., Begiven Rensfeldt, A., Hillman, T., Lantz-Andersson, A. y Peterson, L. (2018). Higher education dominance and siloed knowledge: a systematic review of flipped classroom research. *International Journal of Educational Technology in Higher Education, 15*(20), 1-30. https://doi.org/10.1186/s41239-018-0101-6

Martín-Moya, R., Hoyo-Guillot, A., Ruiz-Montero, E. y Ruiz-Montero, P. J. (2022). Impact of a Flipped Classroom experience on perceptions of students Physical Activity and Sport Science learning. *Espiral. Cuadernos del Profesorado, 15*(30), 95-107. https://doi.org/10.25115/ecp.v15i30.7133

Missildine, K., Fountain, R., Summers, L. y Gosselin, K. (2013). Flipping the classroom to improve student performance and satisfaction. *Journal Nursing Education, 52*(10), 597-599. https://doi.org/10.3928/01484834-20130919-03

Olmedo-Moreno, E. M. (2021). Modelos de aprendizaje híbridos para una educación sostenible en contextos derivados de la COVID-19. *Global Knowledge academics.* https://gkacademics.com/es/congresos/gka-edu/congreso-2021/

Parra-González, E., Sánchez Martín, M., y Segura-Robles, A. (2020). Aprendizaje a través de metodologías activas: gamificación, escape room y flipped learning para la atención a la diversidad. En J. Leiva, y A. Matas (Coords.), *Investigación y experiencias de innovación pedagógica inclusiva en una sociedad intercultural y en red* (pp. 173-181). Dykinson.

Rico, M. L. y Ponce, A. I. (2022). El docente del siglo XXI. Perspectivas según el rol formativo y profesional. *Revista Mexicana de Investigación Educativa,*

92(27), 77-101. https://www.scielo.org.mx/pdf/rmie/v27n92/1405-6666-rmie-27-92-77.pdf

Sánchez-Martín, M. (2022). La educación basada en la evidencia: las Revisiones Sistemáticas en Educación. *Aula Magna* 2.0. [Blog]. https://cuedespyd.hypotheses.org/9732

Sánchez-Martín, M., Pedreño Plana, M., Ponce Gea, A. I. y Navarro-Mateu, F. (2023). And, at first, it was the research question . . . The PICO, PECO, SPIDER and FINER formats. *Espiral. Cuadernos del Profesorado, 16*(32), 126-136. https://doi.org/10.25115/ecp.v16i32.9102

Tang, T., Abuhmaid, A. M., Olaimat, M., Oudat, D. M., Aldhaeebi, M. y Bamanger, E. (2023). Eficiencia del aula invertida con enseñanza en línea bajo COVID-19. *Entornos de aprendizaje interactivos, 31*(2), 1077-1088. https://doi.org/10.1080/10494820.2020.1817761

The Jamovi project (2022). *Jamovi.* (Version 2.3) [Computer Software]. https://www.jamovi.org

¿Qué piensan los futuros profesores de inglés sobre la cultura en la enseñanza y aprendizaje de una lengua extranjera?

María Tabuenca-Cuevas

Universidad de Alicante, Spain

Abstract: Numerous studies over the last two decades have demonstrated the importance of the cultural component in foreign language (FL) learning at all educational stages. Despite this, it is not always evident in the FL classrooms in Spain, although it is one of the countries in Europe that has opted for the introduction of FL at both Pre-Primary and Primary education stages. One of the problematic areas is the lack of knowledge among teachers who neither know how to address the issue of culture in the FL classroom nor feel prepared to do so. Therefore, studies must be carried out that investigate the multiple factors that can influence teachers in their use of culture in the FL classroom. The data collected from this study indicates that the concept of culture is ambiguous, and its importance is not relevant for many pre-service FL teachers. Frequently, culture is associated with instrumental elements in language learning such as, the acquisition of vocabulary. These results highlight that many pre-service teachers have a very superficial concept of culture in the context of FL that prevents them from delving deeper into cultural issues of the language that could serve as support for both teaching and learning.

Keywords: Culture, Foreign Language, Pre-Primary, Primary, Pre-Service Teachers.

1. Introducción

En España, la lengua extranjera (LE) que más se enseña, tanto en la educación Infantil como Primaria, es el inglés, elegido por el 96-99 % de centros escolares en España (Eurostat, 2019). Numerosos estudios han demostrado la importancia del componente cultural en el aprendizaje de lenguas extranjeras especialmente en las primeras etapas educativas (Valdes, 1986; Byram, & Feng, 2004). De hecho, en un informe de Eurydice (2009) sobre la Educación Infantil, se explica que el alumnado, a la vez que toma conciencia de su propia identidad y valores culturales, a través del aprendizaje temprano de idiomas, puede moldear la forma en que desarrollan sus actitudes hacia otras lenguas y culturas tomando conciencia de la diversidad y de la variedad cultural, fomentando así la comprensión y respeto. A pesar de esto, a menudo, el componente cultural es un área problemática en la enseñanza y aprendizaje de una LE. Este hecho se ve reflejado en la falta de formación de profesores de LE, la forma superficial como se trata la cultura en los materiales y recursos que se utilizan en las aulas, la escasa perspectiva cultural en los enfoques metodológicos y la forma desestructurada en la que aparece la cultura en los currículos de las asignaturas de LE (González DiPierro, 2012; Byram, 2009). En pos de realizar una reflexión sobre el rol de la cultura en la enseñanza y aprendizaje de LEs se revisarán algunas definiciones de cultura y su importancia en el proceso de la enseñanza-aprendizaje. Se procederá a comparar enfoques para justificar el uso de la cultura en el aula de lengua y, asimismo, se profundizará en el marco para el uso de cultura del Marco Común de Referencia de la Lenguas (MCERL) (Consejo de Europa, 2001) para extrapolar las implicaciones para la formación del profesorado.

1.1 Un acercamiento a la definición de cultura para la enseñanza de LE

Kroeber y Kluckhohn (1952) presentaron una definición que explica que la cultura consiste en patrones, explícitos e implícitos, de y para el comportamiento adquiridos y transmitidos por símbolos, que constituyen el logro distintivo de los grupos humanos, incluidas sus encarnaciones en artefactos; el núcleo esencial de la cultura consiste en ideas tradicionales (es decir, históricamente derivadas y seleccionadas) y especialmente los valores que les atribuyen. Ellos destacan que hay múltiples definiciones de cultura y llegan a enumerar más de ciento cincuenta, obtenidas desde las más variadas perspectivas y disciplinas. A pesar de esta variedad, muchas de estas definiciones recogen la idea de que la cultura, como unidad, es la suma de las diferentes y complejas piezas que provienen de los diversos hábitos, valores y costumbres desarrollados, adquiridos y perpetuados por innumerables generaciones de seres humanos que previamente establecieron una comunidad en la cual se sienten identificados.

Sin embargo, hay investigadores que han señalado claramente el *quid* de la cuestión cuando se trata de cultura y aprendizaje de idiomas, como es el caso de Barro, Jordan y Roberts (2001: 83):

> No es fácil ni cómodo enlazar el aprendizaje de idiomas con los estudios culturales, por varias razones. La lingüística aplicada y la enseñanza de idiomas generalmente han buscado sus marcos teóricos y conceptuales en la lingüística y la psicología, mientras que la antropología, merecedora de la pretensión de ser la disciplina que más va asociada al estudio de las culturas, se ha encontrado marginada.

Este enfoque crea un concepto irreal de la cultura (Miquel, 2005) que ha tardado en evolucionar para presentar otras perspectivas que se ajustan mejor a la didáctica de la lengua. Es el caso de Trujillo (2005), quien explica que los modelos culturales son esquemas cognitivos que organizan y dirigen no solo la categorización o la comprensión, sino también el razonamiento, el pensamiento y el comportamiento de los individuos. En esta misma línea, García (2004) define el concepto de cultura a partir de diversas variables:

> los parámetros de conducta asociados con ceremonias, las festividades, las prácticas rituales y las creencias mágico religiosas; las convenciones sociales (puntualidad, regalos, vestidos, los tabúes relativos al comportamientos en conversaciones, etc.) . . . , los mitos, los ritos, los cuentos, las creencias, las supersticiones y el humor. Todos estos parámetros crean y delimitan entornos culturales específicos (p. 18).

Estas dificultades ponen de manifiesto un problema, que no es fácil abordar la cultura en el aula. La realidad en el aula de LE, en la formación del profesorado y en los recursos utilizados en el aula ha sido atendida por Barro, Jordan y Roberts (2001:83), quienes explican que

> el resultado ha sido que la «cultura», en vez de debatirse en la bibliografía de la pedagogía de la lengua, ha sido insertada tal cual en los libros de texto de idiomas. Las referencias culturales tienden a manifestarse como afirmaciones esencialistas e irreflexivas, casi totalmente carentes del sentido de agencia individual.

En 2003, McKay ya comentaba que la cultura influye pedagógicamente en el proceso de aprendizaje de lenguas debido al impacto del enfoque en el que los materiales presentan los aspectos culturales junto con los ítems lingüísticos y la elección de la metodología de enseñanza. Esto ha llevado a autores como Ashirimbetova (2015) a señalar que, sin cultura, el proceso de aprendizaje de una lengua extranjera es defectuoso e insuficiente, ya que los estudiantes que no están expuestos a contextos culturales significativos parecen fallar a la hora de comunicarse información en el idioma extranjero. Por tanto, no se puede enseñar una lengua sin cultura ya que ambos elementos son inseparables. Attinasi y Friedrich (1995), quienes acuñaron el término *linguacultura*, indicaron que tanto la lengua como la cultura constituyen el mismo universo o dominio de experiencia; los individuos crecen y se desarrollan como seres sociales dentro de un grupo social y cultural específico que determinará sus acciones y elecciones futuras.

En consecuencia, Ashirimbetova (2015) afirma que no se puede considerar que un estudiante domina una lengua hasta que comprende los contextos culturales en los que se producen los intercambios en la lengua extranjera. Contempla el estudio de una lengua extranjera o segunda lengua como un proceso que no puede darse sin el estudio de la cultura. Asimismo, Kitao (1998), que considera esencial enseñar a los alumnos a pensar críticamente sobre la lengua que están aprendiendo como un aspecto esencial en la enseñanza de lenguas extranjeras, plantea otros beneficios de enseñar una lengua extranjera junto con sus elementos culturales: la cultura puede convertirse en el elemento motivador para que los estudiantes aprendan una lengua extranjera; y permitir que los alumnos accedan a la cultura de la lengua que están aprendiendo les facilitará la relación de determinados elementos lingüísticos con hablantes concretos (de diferentes ámbitos, estatus sociales y otras variables) de la lengua meta.

1.2. Libros de texto, materiales, recursos y cultura en el aula de LE

Hoy en día, hay quienes afirman que tanto alumnos como profesores piensan que no hay lugar para la cultura en el aula de LE (Chávez, 2002). Otros señalan que existe la idea de que los profesores de lengua no deberían enseñar nada más que la lengua; debería ser tarea de otros enseñar cultura (Kramsch, 2013). Si bien muchos libros no tienen un claro enfoque que indica la relevancia de la presencia del aspecto cultural para los estudiantes, según Hilliard (2014) sería complicado enseñar un idioma sin enseñar algunas características de su cultura. En el aula de idiomas, el recurso más utilizado es el libro de texto y, como señala Forman (2014), para los maestros, el libro de texto en muchos casos es el equivalente del plan de estudios y esto conlleva un inconveniente, que el libro de texto tiene una autoridad más allá de la crítica. Hay investigaciones que señalan que un libro de texto es un texto altamente polifónico que condensa varios tipos de textos verbales, gráficos y visuales, y que tiene como objetivo cristalizar una cosmogonía autorizada o «versión legitimada» del mundo social (Canale, 2016). Por consiguiente, otros estudios demuestran que significados fijos impiden que los estudiantes de una LE se conviertan en mediadores a través de la cultura (Kiss y Weninger (2017). Otro ejemplo viene de Skutnabb-Kangas (2000), quien critica las tendencias hegemónicas en el material para enseñar inglés, donde las culturas americana y británica son retratadas como una cultura predominante y superior a la cultura del estudiante que estudia inglés. Otros, como Abu Hussein (2022), presentan estudios que indican que muchos libros de texto tienen distintas frecuencias y predominio de temas culturales y que sería necesario realizar un cambio hacia temáticas más interesantes y quizás relevantes. Pero Byram (2012) afirma que, si bien la cultura ha tenido un valor significativo en el aula históricamente, el enfoque hacia su tratamiento ha cambiado sustancialmente. Destaca el hecho de que enseñar la cultura ampliamente asociada a esa lengua (por ejemplo, inglés - Reino Unido) ya no es válido. Siempre hay que tener en cuenta que, cuando un profesor presenta materiales de enseñanza de idiomas, debe entender que estos serán vistos de manera diferente por los estudiantes dependiendo de sus puntos de vista culturales (Maley, 1986).

Como señala Amer (2016), «la cultura da forma al lenguaje y, a su vez, el lenguaje expresa la cultura» (p. 212). Otros investigadores, como McKay (2003), postulan que la cultura influye en el proceso de aprendizaje de lenguas ya que el aprendizaje cultural modifica los niveles semántico, pragmático y discursivo. De hecho, Buttjes (1990) afirma que hay una serie de razones por las que no se puede separar la lengua de la cultura. En efecto, el proceso de aprendizaje o adquisición de una lengua no presenta un patrón universal, difiere de una cultura a otra. Esto se ve claramente reflejado en los hablantes nativos que no solo adquieren la lengua, sino también los «patrones paralingüísticos» y la «kinésica» de su lengua y cultura. Por tanto, los individuos se convierten en «miembros competentes» de cualquier sociedad a través de intercambios en diversas situaciones sociales y culturales.

1.3. El MCERL, los Decretos de Educación Infantil/Primaria y la Cultura

Desde hace más de dos décadas, el texto del MCERL resalta que es esencial «el conocimiento de la sociedad y de la cultura de la comunidad o comunidades en las que se habla el idioma» (p. 100). Hay un especial enfoque sobre elementos socioculturales que deben ser parte de la enseñanza-aprendizaje de una LE como la vida diaria, condiciones de vida, relaciones personales, los valores, las creencias y las actitudes sobre una variedad de instituciones y grupos y creaciones artísticas, el lenguaje corporal, las convenciones sociales y el comportamiento ritual. Este enfoque «produce una conciencia intercultural» (Consejo de Europa, 2001:101). Esta misma necesidad se ve reflejado en los decretos de las etapas de Educación Infantil y Primaria (Decreto 100/2022 y Decreto 106/2022) en la Comunidad Valenciana, que hacen hincapié sobre la necesidad de trabajar lengua y cultura en el aula de inglés. En la etapa de Educación Infantil, la palabra *cultura* aparece más de 180 veces en el texto del Decreto 100/2022. Se hace hincapié en que el alumnado vive en un «entorno cada vez más global, multicultural y multilingüe» (p. 41038) y que debe estar preparados para «participar en actividades sociales y culturales de la comunidad» (41039). En la etapa de Educación Primaria, la palabra *cultura* aparece en más de 500 ocasiones en el texto del

Decreto 106/2022, en el cual se aspira a «asegurar el dominio de las competencias plurilingües e interculturales» (p. 41034), además de «el dominio funcional de una o más lenguas extranjeras y el contacto enriquecedor con lenguas y culturas» (p. 41165). Por tanto, hay una clara idea reflejada no solo en los decretos sino también en el MCERL que es imprescindible:

> El conocimiento, la percepción y la comprensión de la relación entre el «mundo de origen» y el «mundo de la comunidad objeto de estudio» (similitudes y diferencias distintivas) producen una consciencia intercultural, que incluye, naturalmente, la conciencia de la diversidad regional y social en ambos mundos, que se enriquece con la conciencia de una serie de culturas más amplia de la que conlleva la lengua materna y la segunda lengua, lo cual contribuye a ubicar ambas en su contexto (Consejo de Europa, 2001; p. 101).

El desarrollo de la conciencia cultural se ha abordado desde varias perspectivas en lo que respecta a la educación de lenguas extranjeras. Autores como Byram (2008) han diseñado modelos que pretenden guiar la implementación de aspectos culturales en el aula, aunque no es el único. Existe un concepto común que no se puede ignorar: los estudiantes no pueden ser concebidos como hablantes competentes hasta que participen activamente en la cultura (Tanis, & Baltaci, 2018). Por consiguiente, este estudio se plantea con una triple finalidad:

1. Determinar las categorías del marco sociocultural del MCERL que más fácilmente asocian los profesores en formación de LE al concepto de la cultura en la enseñanza-aprendizaje de la LE.
2. Recolectar y analizar las definiciones de los profesores en formación de LE del concepto de la cultura en la enseñanza-aprendizaje de la LE.
3. Identificar cuáles son las percepciones de los profesores en formación de LE sobre la importancia de la cultura en el aula de LE.

2. Método

Para lograr los objetivos se optó por una metodología mixta (Shorten, & Smith, 2017), al considerar que la interrelación de la perspectiva cuantitativa y cualitativa que permite realizar una aproximación más precisa al fenómeno de estudio.

2.1. Descripción del contexto y de los participantes

Se contó con la participación de dos grupos de alumnado: 58 estudiantes, matriculados en el Grado de Educación Primaria, y 53 estudiantes del Grado de Educación Infantil de la Universidad de Alicante. Todos respondieron al cuestionario al ser una actividad en clase y parte de una práctica. En el grupo de Infantil, el 88,7 % son mujeres y el 11,3 %, hombres; en el grupo de Primaria, el 74,1 % son mujeres, el 20,7 %, hombres y el 5,2 % se identificó como otros. Todos tenían una edad comprendida entre los 18 y los 21 años. El 98,3 % del estudiantado estaba cursando su primer año de estudios.

2.2. Instrumentos

Para la recogida de datos se optó por emplear un cuestionario basado en el marco sociocultural planteado en el MCERL (Consejo de Europa, 2001). El diseño definitivo integraba preguntas cerradas y preguntas abiertas para que los estudiantes aportasen la máxima información. Con anterioridad a su administración, la encuesta fue validada por tres expertas en investigación del área de Didáctica de la Lengua y Literatura. Posteriormente, se preparó la encuesta en Google Forms, se explicó a los participantes el objetivo del estudio, así como la confidencialidad y anonimato de la información aportada.

2.3. Procedimiento

En el proceso de análisis de datos, se tuvo en cuenta la naturaleza de la investigación. Por una parte, y desde la perspectiva cuantitativa, se realizó un análisis descriptivo con apoyo del software SPSS 25. Por otra, desde el prisma cualitativo, y con el programa AQUAD 7 (Huber, & Gürtler, 2013), se llevó a cabo un análisis de contenido convencional y sumativo (Hsieh, & Shannon, 2005). Ambos procedimientos favorecieron la interpretación de la información, teniendo en cuenta los significados contextuales. Para ello, a partir de la lectura de las narrativas, se propuso un primer mapa de códigos y categorías, que fue validado por las mismas expertas que previamente habían validado los instrumentos de recogida de datos. Por tanto, se desarrolló un proceso de codificación inductiva, que supone clasificar la información en unidades de significado con mayor o menor amplitud (categorías y códigos, respectivamente). Finalmente, el análisis de contenido sumativo permitió interpretar, a partir de la cuantificación de la frecuencia de uso de los códigos, la importancia concedida por los participantes a determinados aspectos de sus discursos.

3. Resultados

La exposición de los resultados se organiza atendiendo a la naturaleza del análisis realizado. Por ello, en primera instancia, se presentan lo hallazgos de carácter cuantitativo y, posteriormente, los de corte cualitativo.

3.1. Análisis cuantitativo

Los resultados cuantitativos toman bajo consideración las siete categorías del marco sociocultural del MCERL: (1) la vida diaria; (2) condiciones de vida; (3) relaciones personales; (4) los valores, las creencias y las actitudes sobre una variedad de instituciones y grupos y creaciones artísticas entre otros; (5) el lenguaje corporal; (6) las convenciones sociales; y (7) el comportamiento ritual y las 5 subcategorías que se determinaron que eran más relevantes para cada categoría. Los principales hallazgos evidencian que la vida diaria es la categoría sociocultural más identificada. Aparte, más de la mitad de los participantes señaló que podía identificar los valores, las creencias y las actitudes sobre una variedad de instituciones, grupos y creaciones artísticas (entre otros).

Tabla 1. Información sobre las categorías
MCERL socioculturales identificados.

Ítems	1(%)	2(%)	3(%)	4(%)	5(%)	M	DE
La vida diaria	3.7	3.7	11.2	40.9	40.6	4.11	1.01
Los valores, las creencias y las actitudes sobre una variedad de instituciones, grupos (sociales) y creaciones artísticas (entre otros)	7.3	18.6	14.8	37	22.4	3.48	1.25

Dentro de la categoría de «vida diaria», las subcategorías de días festivos y comidas fueron las más identificadas (81,5 %) seguidas por actividades de ocio (11,2 %). En la segunda categoría (valores, creencias, actitudes . . .), la subcategoría de artes (música, artes visuales, literatura, teatro, canciones y música populares) fue la más identificada (37 %) seguida por clase social (22,4 %) e identidad nacional (18,6 %).

3.2 Análisis cualitativo

La información narrativa, por su parte, queda clasificada en distintas categorías para cada una de las preguntas. La Tabla 2 muestra la frecuencia absoluta (FA) y el porcentaje de la misma (FA%) de los códigos que las integran. La FA es igual al número de veces que los participantes hacen referencia a una unidad de significado en particular (código), siendo su porcentaje la relación de ese concepto con el total de la frecuencia absoluta (Fax100/Total FA). En esta tabla se reflejan los principales resultados de la pregunta que pedía una definición de cultura en el contexto de la enseñanza-aprendizaje de una LE.

Tabla 2. Datos descriptivos de los códigos
sobre la definición de cultura.

Categorías	Códigos	FA	FA(%)
Cultura significa cultura anglosajona	Cultura británica	14	9
	Cultura americana	6	4
	Cultura australiana	2	1.4
Cultura significa tradiciones	Festivos	6	4
	Historia	6	4
	Hábitos	10	6.7
	Religión	8	5.2
	Comida	14	9
Cultura es una característica	Comprensión	6	4
	Comunicación	6	4
	Rasgo secundario	4	2.8
Cultura significa lo mismo que lenguaje	Lengua es cultura (sin más)	27	18
Cultura no se puede definir	No sé definirlo	23	15.3
	No se puede definir claramente	19	12.6
Total		151	100

En la recogida de datos, se reflejaron cinco categorías que posteriormente fueron divididas en distintos subcódigos. Es notable que haya 42 alumnos que no se sientan capaces de ofrecer una definición y otros 27 que repitan las palabras clave de la pregunta —sin más— sin ofrecer una respuesta a la pregunta. La siguiente tabla refleja los principales resultados de la pregunta que un razonamiento sobre la importancia de cultura en el contexto de la enseñanza-aprendizaje de una LE. Se han recogido los conceptos claves más detallados por los participantes.

Tabla 3. Datos descriptivos de los códigos
sobre la importancia de la cultura.

Categorías	Códigos	FA	FA(%)
Mejorar la habilidad lingüística	Mejorar la comunicación / interacción	24	17.1
	Facilita el aprendizaje de vocabulario/ expresiones	35	25.1
	Más precisión lingüística	28	20
Acercamiento lingüístico (a la población nativa)	Mejor comprensión (del contexto lingüístico)	17	12.1
	Idioma más hablado internacionalmente	36	25.7
Total		140	100

En la recogida de datos, se reflejaron cinco categorías que posteriormente fueron divididas en sus subcódigos. Es importante destacar el alto número de respuestas que ponen en valor la importancia del inglés como *lingua franca* y casi el mismo número de alumnado que identifica el uso instrumental de la cultura para aprender vocabulario/expresiones.

4. Discusión

Los resultados demuestran las dificultades que tienen los futuros profesores para identificar y asociar el concepto de cultura al aprendizaje-enseñanza cuando se trata de una LE. En el análisis de los datos cuantitativos, hay cinco categorías del MCERL que apenas tuvieron repercusión entre el alumnado, por ejemplo: las condiciones de vida; relaciones personales; el lenguaje corporal; las convenciones sociales; o el comportamiento ritual no fueron identificados al mismo nivel que las otras dos categorías. Esto deja patente que falta formación esencial dado que:

... |e|l conocimiento de la sociedad y de la cultura de la comunidad o comunidades en las que se habla el idioma es un aspecto del conocimiento del mundo ... (y) tiene la importancia suficiente como para merecer la atención del alumno, sobre todo porque, al contrario que muchos otros aspectos del conocimiento, es probable que no se encuentre en su experiencia previa, y puede que esté distorsionado por los estereotipos. (Consejo de Europa, 2001; p. 100)

Es desconocimiento crea espacios impenetrables y áreas que se evitan dentro del aula de LE, propagando más «incultura», que es lo contrario de lo que sugiere Keating (2001), que arguye que lengua y cultura están vinculadas en la transmisión de conocimiento, en la construcción de la vida social, e ideologías sobre el uso del lenguaje y su relación con el comportamiento humano.

Asimismo, podríamos debatir si es por desconocimiento o por la creencia de que no es relevante en el aula de LE, pero las voces del alumnado, en el análisis de los datos cualitativos deja vislumbrar, en muchas ocasiones, la incomprensión sobre el papel que juega la cultura en el aprendizaje-enseñanza de una LE. La imposibilidad de ofrecer una definición por una parte del alumnado o el centrarse en características superficiales de la cultura asociando el concepto estrictamente a la cultura anglosajona, o elementos como la comida y los festivos trae nuevamente a colación que sería muy difícil abordar algo en el aula de LE si no se comprende. De nuevo, al recabar las razones que hacen que la cultura tenga importancia en el aula de LE, se puede ver que el rol del inglés como *lingua franca* está muy reconocido, pero en cambio mucho futuro profesorado se centra en el papel instrumental de la cultura como el aprendizaje de vocabulario en vez de proponer otras razones más centradas —por ejemplo— en desarrollar una conciencia crítica sobre la lengua que están aprendiendo. Este estudio, aunque tenga una muestra limitada, pone en primer plano la necesidad de formar al futuro profesorado de LE específicamente en el ámbito de cultura y lengua.

5. Conclusiones

Uno de los retos del MCERL, en cuanto a los conocimientos socioculturales, se plantea en la siguiente pregunta: «¿Qué nueva experiencia y qué conocimiento de la vida social de su comunidad y de la comunidad objeto de estudio tendrá que adquirir el alumno con el fin de cumplir los requisitos de la comunicación en la segunda lengua?» (Consejo de Europa, 2001). Es una pregunta que cualquier profesor de LE debería tener presente y estar preparado para afrontar en el aula de LE. Esta necesidad de incluir la cultura en el aula de inglés como LE es un compromiso implícito entre el docente y el discente que no se puede evitar o ignorar. Como plantea Rivers (1981) en sus siete objetivos de la enseñanza de la cultura cuando se trata de una LE, es imprescindible tomar conciencia del comportamiento de las personas. No solo se aprende sobre el impacto de las variables sociales en la forma de expresarse de las personas sino acerca de cómo se comportan los hablantes nativos de una determinada lengua en situaciones específicas. Es una vía para conocer el léxico más utilizado, además de adquirir las habilidades necesarias para poder participar en determinadas situaciones sociales y permite sentir curiosidad por la lengua meta y todo lo que implica. Todos estos factores conllevan una formación específica para el futuro profesorado de LE, que debería plantearse la misma pregunta que hace Kramsch (2013): ¿para qué fines se enseña una lengua extranjera?

Agradecimientos

El presente estudio es un resultado del Proyecto: *Design of a teacher profile for pre-primary Education from a plurilingual approach: learning foreign and additional languages in early childhood (LEyLA)* (Ref. PID2021-123055NB-100) financiado por European Union Next-Generation EU/ PRTR y por MCIN/AEI/10.13039/501100011033.

Referencias

Abu Hussein, H. F. (2022). The Cultural Representations in the Unlock English Series and EFL Teachers' and EFL Learners' Perspectives towards Them. *European Journal of Education and Pedagogy, 3*(2), 43-52. https://doi.org/10.24018/ejedu.2022.3.2.268

Amer, E. (2016). The effect of culture on language. *ZANCO Journal of Humanity Sciences, 20*(4), 210-222. http://dx.doi.org/10.21271/zjhs

Ashirimbetova, M. (2015). Culture in the FLT classroom: to teach or not to teach? *Journal of Teaching and Education, 4*(1), 79-84. https://universitypublications.net/jte/0401/pdf/DE4C268.pdf

Attinasi, J. y Friedrich, A. P. (1995). Dialogic Breakthrough: Catalysis and Synthesis in Life-changing Dialogue. En D. Tedlock, y B. Mannheim (Ed.), *The Dialogic Emergence of Culture* (pp. 33-55). University of Illinois Press.

Barro, A., Jordan, S. y Roberts, C. (2001). La práctica cultural en la vida cotidiana: el estudiante de idiomas como etnógrafo. En M. Byram y M. Fleming (Ed.), *Perspectivas interculturales en el aprendizaje de idiomas. Enfoques a través del teatro y la etnografía* (pp. 82-103). CUP.

Buttjes, D. (1990). Teaching foreign language and culture: Social impact and political significance. *Language Learning Journal, 2,* 53-57. https://doi.org/10.1080/09571739085200471

Byram, M. (2012). Reflecting on teaching 'culture' in foreign language education. En D. Newby (Ed.), *Insights into the European Portfolio for Student Teachers of Languages (EPOSTL),* (pp. 83-95). Cambridge: CUP.

Byram M. (2009). Intercultural competence in foreign languages. The intercultural speaker and the pedagogy of foreign language education. En Deardorff, D. (Ed.), *The SAGE handbook of intercultural competence* (pp. 321-332) SAGE.

Byram, M. (2008). *From foreign language education to education for intercultural citizenship: essays and reflections.* Multilingual Matters.

Byram, M., & Feng, A. (2004). Culture and Language Learning: Teaching, Research, and Scholarship. *Language Teaching, 37,* 149-168. https://doi.org/10.1017/S0261444804002289

Canale, G. (2016). (Re)Searching culture in foreign language textbooks, or the politics of hide and seek. *Language, Culture and Curriculum, 29*(2), 225-243. https://doi.org/10.1080/07908318.2016.1144764

Chávez, M. (2002). "What?": University Students' Definitions of Foreign Language Culture. *Teaching German, 35*(2), 129-140. https://doi.org/10.2307/3530944

Consejo de Europa (2001). *Marco Común Europeo de Referencia para las Lenguas: Aprendizaje, Enseñanza, Evaluación (MCERL)*. CUP. https://cvc.cervantes.es/ensenanza/biblioteca_ele/marco/cvc_mer.pdf

Eurydice (2009). *Early Childhood Education and Care in Europe: Tackling Social and Cultural Inequalities*. http://eacea.ec.europa.eu/about/eurydice/documents/098EN.pdf

Eurydice (2017). European Education and Culture Executive Agency, Key data on teaching languages at school in Europe - 2017 edition. Publications Office. https://data.europa.eu/doi/10.2797/04255

Eurostat (2019). *Foreign language learning statistics*. https://ec.europa.eu/eurostat/statistics-explained/index.php?title=Foreign_language_learning_statistics

Forman, R. (2014). How local teachers respond to the culture and language of a global English as a foreign language textbook. *Language, Culture, and Curriculum, 27*(1), 72-88. https://doi.org/10.1080/07908318.2013.868473

García García, P. (2004). La cultura, ¿universo compartido? La didáctica intercultural en la enseñanza de idiomas. https://www.educacionyfp.gob.es/dam/jcr:bebfb443-e91b-4016-a99e-41aec9666b97/2004-redele-0-12garcia-pdf.pdf

Gonzalez Di Pierro, C. (2012). Caracterización del concepto cultura en la didáctica de las lenguas. *Cartaphilus Revista de Investigación y Crítica Estética, 10*, 84-108. https://doi.org/10.6018/cartaphilus

Hilliard, A. D. (2014). A Critical Examination of Representation and Culture in Four English Language Textbooks. *Language Education in Asia, 5*(2), 238-252. http://dx.doi.org/10.5746/LEiA/14/V5/I2/A06/Hilliard

Hsieh, H. F., y Shannon, S. E. (2005). Three approaches to qualitative content analysis. *Qualitative Health Research, 15*(9), 1277-1288. https://doi.org/10.1177/1049732305276687

Huber, G.L., & Gürtler, L. (2013). *AQUAD 7. Manual: The analysis of qualitative data*. Ingeborg Huber Verglag.

Kiss, T. y Weninger, C. (2017) Cultural learning in the EFL classroom: The role of visuals. *ELT Journal, 71*(2), 186-196. https://doi.org/10.1093/elt/ccw072

Kitao, K. (1998). *Internet Resources ELT, Linguistics, and Communication.* Eichosha.

Kramsch, C. (2013). Culture in foreign language teaching. *Iranian Journal of Language Teaching Research 1*(1), 57-78.

Kroeber, A. L., y Kluckhohn. (1952). Culture: A Critical Review of Concepts and Definitions. *Papers. Peabody Museum of Archaeology & Ethnology, Harvard University, 47*(1), viii, 223.

Maley, A. (1986). A miracle of rare device: the teaching of English in China. In J.M. Valdes (Ed.), *Culture bound: bridging the cultural gap in language teaching* (pp. 102-111). CUP.

McKay, S. (2003). Toward an Appropriate EIL Pedagogy: Re-Examining Common ELT Assumptions. *International Journal of Applied Linguistics, 13,* 1-22. https://doi.org/10.1111/1473-4192.00035

Miquel, L. (2005) La subcompetencia sociocultural. En J. Sánchez e I. Santos, *Vademécum para la formación de profesores* (pp. 511-531). SGEL.

Rivers, W. M. (1981). *Teaching foreign language skills.* The University of Chicago Press.

Shorten, A., y Smith, J. (2017). Mixed methods research: expanding the evidence base. *Evidence Based Nursing. 20*(3), 74-75. http://dx.doi.org/10.1136/eb-2017-102699

Skutnabb-Kangas, T. (2000). *Linguistic genocide education—or worldwide diversity and human rights.* Lawerence Erlbaum.

Tanis, S., y Baltaci, H. (2018). The Place of Culture in EFL Classes: Perceptions and Challenges of Pre-Service and In-Service English Teachers. *International Journal of Languages Education, 6* (2), 260-272. https://doi.org/10.18298/ijlet.2975

Trujillo Saez, F. (2005). En torno a la interculturalidad: reflexiones sobre cultura y comunicación para la didáctica de la lengua. *Porta Linguarum, 4,* 23-40.

Valdés, J. M. (1986). *Culture Bound: Bridging the Cultural Gap in Language Teaching.* CUP.

Sobre los editores

Antonio Martínez-Arboleda

 Catedrático de Educación Abierta y Digital\r\ndesde 2023, Antonio es licenciado en Derecho por la Universidad de Murcia\r\n(1995); máster en Derecho por la Universidad de Leeds-MA Business Law (1998); doctorando\r\nde la Universidad de Salamanca (filología hispánica); y fellow de la\r\nHigher Education Academy (2004). Como líder institucional de prácticas educativas\r\nabiertas de la Universidad de Leeds, forma parte del equipo fundador de la Red para\r\nla Equidad en el Conocimiento (KEN-Knowledge Equity Network). Es codirector del\r\nCentro para la Investigación de la Educación Digital de dicha institución. Ha\r\npublicado sobre feedback audiovisual y prácticas críticas digitales y\r\nabiertas, principalmente. Ha liderado proyectos de recursos educativos abiertos\r\nfinanciados por agencias públicas. Su experiencia docente, desde 1998, se\r\ncentra en la lengua y sociedad españolas, con particular énfasis en el\r\naprendizaje autónomo, la historia oral, el podcasting, el aprendizaje\r\nauténtico y el español de la economía y la empresa. Es coeditor de la serie\r\nsobre inteligencia artificial de Creative HE, autor en dos volúmenes, y\r\nha impartido seminarios y charlas internacionales sobre IA. En su faceta de\r\npoeta y activista cultural destaca su proyecto internacional de traducción\r\nuniversitaria La crátera de Ártemis.

Antonio Martínez-Arboleda

Es licenciada en Filología por la UCM, Doctora Cum Laude en Filología y Máster en la Enseñanza de Español como Lengua Extranjera por la UAH y Máster en Elaboración y control de calidad del léxico español en la UNED. Obtuvo una beca predoctoral en la Universidad degli Studi di Firenze (2000-2001). Socia cofundadora de la Asociación Complutense de Dantología y miembro de la Asociación Comenius de Enseñantes Europeos. Ha sido profesora de lengua y cultura española en la Universidad de Alcalá, en el Instituto Franklin de Estudios Norteamericanos, en la University of Leeds (2008-2015) y en el Instituto Cervantes (2007- 2015), en el que fue coordinadora docente (2008-2015). Ha impartido docencia en el Dpto. de Filología Española de la Universidad de Alicante desde septiembre de 2016 hasta diciembre de 2020, fecha en la entró como docente en el Dpto. de Innovación y Formación Didáctica de la Facultad de Educación de la misma universidad. La línea de investigación y sus publicaciones se relacionan con la didáctica y la metodología de la enseñanza de las lenguas adicionales y su cultura, principalmente el español, la interculturalidad, la multiculturalidad, el plurilingüismo, la integración, la afectividad y las emociones en el aprendizaje, la comunicación no verbal, los recursos en el aula y los proyectos de tutorización del alumnado, en el marco de los ODS de la Agenda 2030 de Naciones Unidas.